靠，不跑就素粉阿雜：

二十四位市民跑者的汗水與夢想

黃張維（海膽）策畫
何震威（威爸）撰寫

目次

引言

很痛苦的創業失敗經驗，很幸運的跑步人生

黃張維（耕建築董事長・耕跑團團長）

我曾兩度瀕臨破產！很痛苦，但很幸運，從痛苦中明白一些事情，沒有白白浪費了不幸！

十二年創投生涯，歷經兩次瀕臨破產，都成了後來創業很重要的養分。過程燦爛奪目卻也驚心動魄，雖然累積下不少實戰的血淚經驗和資源，但也深刻感受到，身為一名創業投資者，對公司政策與經營的掌握及影響力非常有限。若公司經營不善，創業投資者與創業經營團隊都會付出失利的代價；若公司飛黃騰達，光環成就始終歸於經營團隊，創業投資者只能被動分享資本利得。

從一九九六年回國後，一路走來都是在協助與投資別人創業，自己卻沒有下海創業過，心裡始終有

個缺憾。於是開始思考如何整合過去在創投領域累積下的產業評估與資金鏈，打造出一個平台，親自參與策略擬定、營運管理，創造出真正屬於自己的事業。

低估市場與人性變數，戰線冗長，四年燒光創業資金

二〇〇六年，和其他兩位夥伴一起創立了「耕建築團隊」，這家建設公司專注於經營都市更新與危老重建的市場。只不過，積極投入的創業之路卻完全不如預期，公司成立前四年，都市更新重建案的開發皆未成案，股東與自己的一・二億創業資金盡數燒光。

加上二〇〇六年《都市更新條例》剛剛完成修法，法令尚不成熟；還有難纏不任事的公務人員、屋主與建商仍在磨合期、釘子戶的獅子大開口、黑道一直潛伏在行業中的黑影幢幢、公司到處尋求開發案機會卻總吃閉門羹、營運資金斷鏈等問題，我們的創業之路，在淒風黑夜中，苦苦等待黎明曙光。

我們三位一起創業的夥伴，在公司一無所有的時候，懷抱夢想、興致高昂地組建團隊。然而，公司資金周轉困難，無以為繼，困難重重的時候，在自己仍堅持、咬牙撐下去的關頭，兩位創業夥伴卻陸續在會議室裡說出：「我想要退出公司，請買回我的股票。」這錐心的場景，一輩子也難以忘懷。

行到水窮處，坐看雲起時——跑步就是那片雲

為了資金周轉，尋求更多事業機會，期間應酬不斷，終日泡在酒精與困頓的事業中，高血壓、重度脂肪肝、嗝氣胸悶、胃食道逆流、食道灼傷潰爛、交感神經失調等諸多毛病相繼上身，體重也大幅飆升到九十多公斤，在身心內外交困下，經常公司、醫院兩頭跑。當時，醫生在投藥與換藥多次卻仍不見起色之後，嚴肅地告訴我，要從改變生活習慣開始。

當兵時跑五千公尺的痛苦、吃苦當吃補的回憶，瞬間浮現腦海中，創業的苦與當兵跑五千公尺的苦，孰苦呢？當下我不知道，但我知道跑步不用占據太多時間，每天跑三十至六十分鐘，能兼顧事業和家庭時間，對我來說是改變生活習慣一個有效率的選項。

一開始只是上班前在大安森林公園紅土跑道上跑，跑個五百公尺就氣喘吁吁，沒想到就這樣慢慢跑出「不跑就粉阿雜」的習慣，兩年後，四十歲時挑戰人生第一場馬拉松，送給自己不惑之年的生日禮物。

跑步的初心，原本只是為了健康，很意外地，開始跑步之後，發現自己的情緒更趨於穩定，較不易受外界影響，思緒也變得清晰，能理性冷靜思考。慢慢地，開始在跑步過程中與自己對話，找出公司經營的盲點。在跑過幾場較高難度的馬拉松之後，淬鍊出更堅強的意志與勇氣。對我來說，跑步如同打禪，透過跑步，可以釋放壓力，並從中得到自然的快感、真實的超越，成就另一個自己，跑步甚至驅動

我追求自己真正渴望的人生。

接下來的幾年，自己也跑了幾場國內外大小賽事，從二〇一二年的北海道薩羅馬一百公里超馬賽、二〇一五年的波士頓馬拉松朝聖，到半百之年在首爾馬拉松跑出兩小時五十六分三十秒的全馬破三成績。期間也挑戰極地超馬，二〇一六年初試中國戈壁超馬四天一百二十公里，二〇一九年第一次極地超馬非洲站，穿越世界上最古老的沙漠——納米比亞沙漠——七天兩百五十公里，二〇二四年再次挑戰蒙古戈壁極地超馬。並多次參加超級鐵人三項兩百二十六公里賽事，二〇二二年在台東鐵人三項二二六賽事中，以十一小時九分三十六秒的成績取得分組排名第三，站上凸台。

搞起跑團，想當那個可以讓人互相依靠的肩膀

因為自身感受到跑步的種種好處，於是鼓勵全公司的員工夥伴也帶著孩子一起運動，之後更進一步想要揪身邊的朋友、想跑步的人，或是想運動卻動不起來的人，甚至是沒有運動習慣但想要改變人生的人，一起進入跑步美好、熱血、上癮的世界，於是在二〇一四年成立了「耕跑團」，並邀南港高中田徑隊選手擔任跑團的小教練，進行課表科學化的跑步訓練，一起接受科學化訓練、一起跳馬克操、一起吃

課表揮汗團練、一起征戰國內外馬拉松賽事。

運動跑步的好處很多，可是持之以恆不容易。無法持續的常見原因，不外乎有時碰上風雨、低溫、大太陽等氣候問題、工作加班勞累耽誤練跑、家務事太多走不開、生活壓力太大或是軟爛不想動等藉口，國外一些研究報告指出，如果想養成運動跑步習慣，找一群朋友一起或者參加團體課程，都是激勵自己、也改善生活品質的好選擇，而我成立耕跑團的目的，正為提供與滿足以下團體訓練的好處。

一、團體訓練增強社交感、快樂感：

減重健身運動的初步動機，通常都是從愛自己的個人層面出發。但正如大家所知，會有「高原期」，一旦減重健身效率卡關，意願就可能跟著停滯。運動的最大挑戰就是常保持樂在其中的心態，讓它變成一種社交活動，是比較能找到樂趣、持之以恆的方式。在團體訓練中，能培養出友情與感情的精神面，有助於減輕生活壓力與提升整體的快樂感，進而增進身體與精神方面的健康。

二、揪團運動可降低孤獨感：

一項針對美國洛杉磯地區成人的實驗結果證明，團體運動有益於成人的身心健康，研究團隊追蹤三百八十二位年齡在五十二歲以上的成人，發現參加團體運動課程的族群，其孤獨感下降六．九％、社交連結度提高三・三%，展現比較高的生活滿意度。

三、團體訓練讓自己不懶惰：

加入團隊訓練的另一個原因，就是不讓自己懶惰。即使你有比賽目標、有訓練計畫，但要持之以恆，每次都不懶惰，其實很難。工作的疲勞、生活的壓力、訓練的瓶頸，還有娛樂、消遣、放縱的引誘，總會令你想放棄練習。此時團練隊友的重要性更甚，因為與他們的一個約定，令你無法推搪練習。而當你穿上跑鞋，與隊友在跑道上奔馳時，你會慶幸今天有出席練習，沒有被魔鬼拉到其他地方。

四、互相激勵，好的團體訓練讓你上天堂：

跟著高手訓練，學習他們對訓練的態度、技巧、觀念，絕對勝過自己閉門造車。加上有專業教練協助規畫訓練課表，對於不知道如何自我訓練的新手，也省了很大的麻煩。團隊訓練的最主要好處就是互相推動，互相「迫使」大家進步。訓練過程當中，迫使自己跟上隊友的速度，這樣最容易把強度逼出來，也最容易打破個人最佳成績，無論是最快時間、最高功率、最快配速，甚或是最高心率，常常都是在團練時才會發生。

喜歡跑步的一群人，一起帶來生活中的正能量

有人說，耕跑團的人一直只有在跑步，而事實是，我們是一群「喜歡跑步的耕跑人」！因為都是「喜歡跑步的耕跑人」，進而彼此激發出屬於「耕跑人」的正能量特性！

接下來就跟大家分享一下，這十年來我所觀察及歸納出耕跑人所展現的正能量特性！當然，這些特質在喜愛跑步這項運動的人身上，也會發現哦！

一、跑步的人女美、男帥

在現今顏值經濟當道的世界中，這點一定要列為第一項。不用多說，跑步的人，多半身形較好，女美、男帥，勻稱精實的體態人人稱羨，鼓勵彼此朝更好的自己前進。人生每個階段，都可以有不同的自己、不同的美與帥。年輕時的美與帥，其實並不值得驕傲和炫耀，因為年輕就是老天爺賜給每個人的美好時光，但年輕過後，步入中壯老年，如何鍛鍊自己、保養身體，不讓身心衰殘與失去生氣，就需要仰賴自己去努力、去維持。年輕不用炫耀，但要好好鍛鍊自己，每個階段，都能夠有一個最美、最帥、最好的自己。

二、跑步的人有同理心、有愛

跑步的人，較具備同理心、有愛，漫長的馬拉松賽道上，不管認不認識，看到受傷跑友會關心，看到撐不下去的跑者會鼓勵加油；在團練的時候，吃課表頂不住、想要放棄、跑不下去的時候，也會互相打氣鼓勵，希望對方和自己都能更好、更棒、更突破自己。何況在生活中，碰到或面對需要幫助的人，當然是更能同理此心。

三、跑步的人正面、樂觀

跑步的人較為正向、樂觀，因為心情不好、感到壓力或焦慮時，懂得利用跑步來排解和抒壓。當人們面臨壓力和焦慮時，身體會釋放出壓力荷爾蒙，如腎上腺素和皮質醇，這些荷爾蒙會對身體和心理健康造成負面影響。跑步時，身體釋放出的腦內啡和多巴胺等愉悅荷爾蒙，可以幫助減輕壓力和焦慮，透過跑步，我們可以將這些負面情緒，轉化為積極的能量。讓我們感覺更加輕鬆與平靜。俗話說，面朝陽光，就看不見黑暗，正是這個道理。

四、跑步的人有紀律

有規律在跑步的人，都是在工作、家庭、運動興趣之間切換身分。為了擠出每天的跑步時間，以及每個週末早起進行長距離跑步訓練，跑步人通常生活都很自律。他們知道自己必須在什麼時間扮演什麼角色，以及角色之間如何轉換、角色時間的分配，也很清楚不同角色要完成的事情。其中的關鍵密碼就是紀律。

五、跑步的人健康狀況都不會太差

能夠一直長跑的跑者，心肺功能、排毒、代謝系統較好，也較能控制高血壓、高血脂、高血糖等三高文明病，身體健康狀況都不差。畢竟，要完成一場全馬，沒有健康的身體，著實困難。因此，能夠持續跑步的跑友，身體的健康狀態都比實際年齡年輕幾歲。

六、跑步的人具備專注力

在跑步的過程中，需要將注意力集中在步伐、呼吸和身體的感受上，這有助於培養專注力。透過不斷訓練，專注力會得到提升，不僅在跑步中受益，也可以應用到生活的其他方面。熱愛跑步的人，在工作上多半能力都不會太差，因為專注力好，能有條不紊地處理事情、溝通協調。畢竟，按步就班地完成課表，也是跑者訓練時必備的項目。

七、跑步的人更加堅強與自信

透過跑步，可以更加了解自己的身體和心理狀況，培養出良好的自我意識。同時，克服困難與挑戰的過程，也會對自己和自己的能力更加有信心。因此，跑步可以幫助我們建立自尊，讓我們更加堅強與自信。

八、跑步的人有強大意志力和毅力

跑步需要持之以恆的訓練和堅持，特別是在面對挑戰和困難時。透過堅持不懈的跑步訓練，可以培養出強大的意志力和毅力，能夠克服各種困難和挑戰。喜歡長跑的人，多半都能承受孤獨，漫長的距離都能跑著，人生還有什麼難熬的坎過不去。

不必打敗年齡，這是人生必經的過程

我們不需要打敗年齡，因為這是你我人生必然經歷的過程。重點是：不要被心境和體態打敗。跑步，是很好的人生營養。當我們跑起來，就會得到這美妙養分。我們都知道，舒服地癱在沙發上的感覺很好，但努力堅持跑步後才癱上沙發的感覺，更好！只要有決心跑起來，就有機會成就更好的自己。

如果你本身就是個跑者，那麼很值得一直保持這個狀態，能夠一直健康無傷地奔馳著，也是我們跑團共同的目標。一旦成為傷兵，不但自己無法享受跑步，也會減少接觸這群優秀跑者的機會。

如果你本身沒有跑步，那就更應該認真想一想，如何為自己的人生開創不一樣的新局，跑步會是首選之一，因為跑步不需要太多的理由，只要你的雙腿雙手能擺動就好。

村上春樹說：「境況愈是糟糕，我們就愈拚命去跑。」人類天生就具有奔跑的欲望，只是需要將它釋放出來。讓自己跑起來，和我們耕跑團一起奔跑吧！

代序

無限可能的力量

何震威

「四二．一九五公里」這個魔術數字，是跑者畢生追求的目標，如同圓周率對數學家的意義。「四二．一九五公里」這個距離，說長很長，有人用盡了全身的精氣神及九牛二虎之力才能到達；但說短也很短，一些被工作耽誤的跑者，稍稍訓練就能夠達BQ，這也是素人跑者成績不斷提升的原因。每每看到同伴成績有所突破，心裡總是有很多的佩服與不甘心，為什麼我也花了那麼多心力練習，成績卻不見起色？只能自嘲沒有一雙逆天腿，然後繼續跑下去，這就是跑者精神，「跑，就對了。」

如果以幾部電影來解釋馬拉松之路，我想說的是，我們都從《走音天后》開始，懷有《白日夢冒險王》的精神，自我訓練的過程必須享受《長跑者的寂寞》，但在賽前的《五星主廚快餐車》超補肝醣，一定可以有《當幸福來敲門》的機會，接下來肯定能夠《翻轉幸福》，進而達到《越來越愛你》的境界，這個「你」，指的就是馬拉松。

然而「跑步」這檔事，對某些人來說，就像是一種《致命的吸引力》，跑得完就像《漫步在雲端》，跑不完就變成《比悲傷更悲傷的故事》，努力不一定會有好成績，但不努力就一定沒有，只有累積，沒有奇蹟，真的是《殘酷的溫柔》。

跑者，絕對不會寂寞，因為這條路上有太多太多的同伴，只是大家都在不同的地方朝著同一個目標奮力前進。

五個小孩的爸　一腳踏進馬拉松的新世界

我叫「威爸」，不是因為我的跑步成績有多好，而是因為我有五個孩子。因姊姊四十六歲罹癌突然離世，留下三位稚幼的孩子託孤於我。從小水性出色，同學都叫我北海小英雄「小威」，也突然成為有五個孩子的「威爸」。

食指浩繁，面對五個孩子，工作賺錢是唯一不得不的嗜好。所幸孩子們一個個長大成人，進入社會工作，我第一個念頭就是「退休」，擔子挑久了，總是會累的。淡出新聞媒體第一線，沒日沒夜的生活轉為舒適悠閒，雖褪去光環，倒也愜意。

大多數人跑步的初衷都是因為健康亮起了紅燈，而我進入跑步的世界卻是因為「不想輸給女生」。之前在電視台工作時，一位女製作人分享她的跑步經驗，讓我覺得好像很簡單，但後來我才發現，其實女生很會跑的，要想贏不容易啊。

女生體態輕盈、風阻也小，跑起來就像一隻小麻雀似的，跳啊跳的，而且女生的能量消耗比男生少，續航力不容小覷。

記得我第一次參加馬拉松半馬，由於跑量不足，十五公里就快虛脫了，舉步維艱之下，突然有位馬尾妹刷卡到我前面，我就看著她的馬尾搖來搖去地搖到終點，真的感謝這位馬尾妹，激勵我不爭氣的雙腳，「不想輸給女生」的意志激發潛能，一直到現在，已累積了十餘場全馬、十餘場半馬、七場五一·五公里標鐵賽、兩場一一三公里超半鐵人賽、兩場二二六公里超級鐵人賽、舒跑杯及螢光夜跑等十四公里以下賽事十餘次，這一切都要感謝那位刷我卡的馬尾妹。

跑步結合公益　看見跑步的無限可能

有幸進入「耕跑團」，親睹團長黃張維（綽號：海膽，團員都稱他「膽大」）因跑步改變身形、再造人生的故事，從圓滾滾到八塊肌、從谷底逆轉到都更重生，跑步不是用蠻力，更是用腦用創意。我常常在想，模特兒般的身後，是多少的自律、多少的毅力所換來的。

他相當寵愛耕跑友，他的「共好」概念，我相當認同，他自己聘請專業教練幫跑友排定訓練課表，從平日的團練，一起參賽、共同跑旅、相互激勵，所有跑友都能在耕跑的大傘下，找到屬於自己的成果與價值，一起共好、一起成長。

面對這樣的人，我很難說「不」，也因為這樣，被他開發出很多能力：又是幫跑團主持尾牙，又是參加「長跑扶輪社」公益服務，又是參加二二六公里超級鐵人三項競賽；又是推動「愛到最高點」公益活動，要以我們的雙腿接力一七八公里，從台大出發，經北宜公路，跑向武陵農場，最後登上大雪山主峰三八八六公尺。為沿途七所學校，結合國北教師資，辦夏令營及圓夢活動。

跑團故事激勵人心　出書盼與大家一起「共好」

二〇二三年端午節前後，他突然說想要為耕跑團出書，因為包括他自己，都因「跑步」改變了人生，有人因跑步找到自信、有人因跑步尋回健康、有人因跑步從百公斤變身為型男，好多好多的故事都激勵人心。

團長黃張維想找跑團裡二十四位各行各業的朋友現身說法，描述對跑步的不同樣貌。膽大找到我，可能因為我曾是媒體工作者，又退休在家，時間應該比較多；接著他又說，所有版稅都投入公益活動，投入二〇二四年七月「愛到最高點」活動，既然是公益，我又很難說「不」。

寫一個人不難，但寫二十四位素人跑者，這可就難倒我了，首先我必須進入二十四個人設，有如寫電影劇本般的困難，因為每個人的人設不一樣，不是寫一個人，寫一個人我只要專心著墨一個人的大小事情，就像扮演好一個角色，等同演戲一樣。

但二十四個人，等於有二十四個角色，從安排採訪到照片收集、人物溝通，多了二十四個窗口，深入角色再跳出角色是最大的難處，有時候弄得自己神經錯亂，角色跳進跳出的頻率過高，有時同步進行，有時又卡在角色裡出不來。面對擅於表達的人物，可以輕鬆自在；但面對不擅表達或口齒稍有不清的時候，就會鬧笑話。

我是媒體出身，寫新聞稿是家常便飯，以金字塔的寫法「精簡、迅速」打到新聞主題，但寫書真的很不一樣，要花時間並鑽研角色才能磨出來，除了「人、事、時、地、物」的正確性，還要「起、承、轉、合」的敘述技巧，尤其面對二十四位人物，對於近耳順之年的我，確實是一項記憶大考驗，要時時注意現在身處在誰的故事裡。

但老實說，聽了他們的故事，篇篇都是深入人心，章章都有智慧之語，我也從他們「跑步的態度」學習，他們都是素人，是一般的普羅大眾，但在他們的身上都有一個共通點，那就是「永不放棄」的精神，跑步不僅是「練身」也是「練心」，當身心合一的時候，那股力量是可以有無限可能的。

跑質不跑量，
不斷挑戰限制
——李吉仁

在教育界及企業界享有盛名的「策略管理大師」李吉仁教授，曾任台大ＥＭＢＡ執行長及台大管理學院副院長，在ＥＭＢＡ與耕跑團的外號又叫「大仁哥」。

自二〇二〇年退休後，疫情之前因緣際會參與誠致教育基金會，目前擔任董事長，透過「公辦民營」學校的途徑，並結盟有共同理念的「公辦公營」學校，針對台灣偏鄉教育的轉型與持續發展，建立可行的解決方案。

整個聯盟體系（名為ＫＩＳＴ）目前共有十一所學校，位於八個縣市、涵蓋國中與國小，大仁哥積極導入可行的管理方法與工具，希望面臨日益嚴重少子化影響的偏鄉學校，能夠在共同的核心教育理念與方法論下，有效提升孩子素養導向的學習能力。

大仁哥桃李滿天下，好多跑者都是他的學生，他最常對學生說：「你的限制點就是你的成長點。」運用在跑步上亦然，他從「策略管理」的角度審視自己的馬拉松進程，依「跑質不跑量」的原則，二〇二三年二月以一一四・九三五公里成績打破高懸十年的十二小時超馬分齡全國紀錄（原紀錄為一一二・二二二公里）。

二〇二四年二月花博超馬，他又破了一百公里全國男子分齡紀錄。這也是大仁哥第一次完整規畫長距離配速，並於賽前練習驗證可行後執行的計畫，過程中唯一沒算到的只有ＧＰＳ一・四二％誤差，達標精準度幾乎百分百。

大仁哥是素人跑者，卻每每跑出驚人的紀錄，他認為跑步是有方法精進的，找出適合自己的關鍵訓練方式，是馬場上突破自我限制點的成功因素。

戈壁體適能觸動跑步密碼 創造生命潛力選擇權

驅動大仁哥跑步有四個很重要的理由，就是「開始跑步」的機緣，進階到「同儕激勵」，第三階段「自我挑戰」，最後是創造一個「生命潛力的選擇權」。

大仁哥本在產業界工作，三十一歲時決心轉變職涯選擇，以一年的時間拿到教育部公費出國名額，三十二歲出國念書，三十六歲學成後回台大教書，主要教「策略管理」及「企業經營」相關課程，尤其是經營管理層面的課

參加二〇二四年長明賞五十公里賽事，以四小時十四分二十三秒的成績打破六十五歲分齡國家紀錄。

題。教書之後沒什麼時間運動，偶爾打打羽毛球，有氧運動幾乎沒有，體重最高到七十五公斤，那時還圓滾滾的。

二〇一〇年，五十二歲的大仁哥才開始接觸跑步。那時剛從產業合作專案回任台大，恰逢ＥＭＢＡ執行長邀請參加第八屆「戈壁挑戰賽」，之前幾乎沒有跑過步的大仁哥，便趕緊報名以教師名額參加ＥＭＢＡ和台大醫學院、體育室共同開設的「體適能課程」。上了一學期的課，大仁哥才知道「運動是有方法的」，更需要了解滿多相關的身體與營養知識，也從那時開始培養跑步興趣。

第一次參加富邦馬拉松九公里比賽，成績出奇地好，跑出四十七分鐘左右的成績。雖然不是特別快，對素人跑者的第一次來說卻已相當不錯，也建立了自信心。跑了一年多的半馬，才開始挑戰第一個全馬。

剛開始接觸跑步，大仁哥找了一位年紀比他小七歲的ＥＭＢＡ同學龍哥一起參與。巧的是，兩人同一天生日，雖然差七年，但又同姓又同日生，讓大仁哥覺得如果跑得比那位同學快，或是跟他一樣好，相對有年輕七歲的實力，就經常約跑。因為有同儕壓力，不能隨心所欲「不想跑就不跑」，不過同儕有壓力也有激勵，是推著大仁哥向前跑的動力，就這樣一馬接一馬地累積了許多場馬拉松。

大仁哥看著自己全馬成績慢慢進步，開始設定自我挑戰目標，「海外馬」和「參加重要賽事」是他的選項。那時多數跑者都在追求ＰＢ（個人最佳成績），他也不例外。在接觸跑步後第八年，也就是大仁哥六十歲時，於「倫敦馬拉松」跑出三小時二十四分二十六秒個人PB。他訝異自己怎麼有辦法跑得那麼快，但他也笑說那是最高峰了，從此再沒接近過這個速度。

達到個人跑步最高點後，大仁哥開始思考，如果要「練速度」，一來本身的時間無法定時「吃課表」，二來又要「不受傷」，於是開始慢慢轉向慢速長距離的超馬，到現在反而產生一些不錯的結果，創分齡全國紀錄，這給大仁哥一個相當大的激勵。自己的生命，自己的體能，是可以自己掌握的，就像創造一個生命的選擇權。

參加二〇一八年紐約馬，以三小時五十分三十秒完賽。

策略管理融入跑步哲學　追求更好的自己

大仁哥的跑步哲學，首先「不受傷」是最高的原則，他第一次跑全馬就在跑前受傷，因為那時候一直都跑半馬，自主訓練的跑量也不足，但很多人說要練到三十公里以上經驗才能開始跑全馬，大仁哥就

景美到福和橋河濱五公里環圈是最棒的假日練習跑道。

試著練跑三十公里，果不其然，用半馬經驗跑三十公里，大腿抽筋、腿後側拉傷不舒服，無法正常練習，就這樣去挑戰初馬。

大仁哥的初馬是「日本沖繩馬拉松」，結果發現受傷讓初馬跑得很痛苦，根本無法預測二十一公里後的狀況，偏偏天氣還滿熱的，而且沖繩馬六小時準時關門，他和同伴兩人覺得快被關門了，跑到終點還很緊張，結果跑了五小時二十七分。這是大仁哥這輩子最差的成績，而且跑完後復原非常辛苦，是痛苦的經驗。之後也嘗過腰椎受傷的滋味，幾乎大大小小的傷都經歷過，體悟出「不受傷」、穩穩當當的發展，才能走得更遠；太過急躁，身體承受不了，反而倒退。

大仁哥的第二個跑步哲學，認為「跑步是在追求一個更好的你」，想達到那個目標，不管是距離或是速度，其實都可能是沒有經歷過的，那為什麼敢往前跑？大仁哥覺得需要有一個想像，但不能光只有想像，有想像後必須找方法，如果沒有方法，自己亂衝亂跑，結果要麼跑得太遠，要麼跑得太快，最後又回到第一個點，「可能會受傷」。千萬不要認為「別人行，我為什麼不行」，一定要找出別人到達那個速度的方法，以及適合自己的訓練方式。

第三個跑步哲學，大仁哥覺得「只要有努力就會有收穫」，對跑步來說是真的。大家都知道一句話：「只有累積，沒有奇蹟。」跑步真的是沒有奇蹟，都是一點一滴累積下來。身體是有記憶的，肌肉是有記憶的，有目標的努力，身體會有收穫。

大仁哥在二〇二四年二月花博一百公里超馬比賽，深切地體會「有方法＋有努力＋精準執行＋老天幫忙」就很容易達成目標。如同這次精準的執行，幾乎跟原來的計畫，只差大概一．四二％的ＧＰＳ誤差，這也是大仁哥跑了十三、四年，才對自己有這麼大的把握，然後也得到這麼好的回饋，印證「有想像要有方法，有努力才會有收穫」的跑步哲學。

本以為二〇一九年跑了ＰＢ之後，全馬要跑進三小時四十分都很辛苦，更不要談三小時三十分，他覺得人是不是一定會一直往下降？但在超馬的領域，他看到人的潛能，不但可以愈跑愈長，身體也有辦法承受，人的潛力超過想像，要學習如何將能量潛力發揮出來。

跑質不跑量　打造有意義的自主訓練

對於訓練，大仁哥自己的行程很難有規律的練習，使得月跑量通常不超過兩百公里（多數都在一百公里上下，只有賽前一個月才有機會達三百公里），同時也因為工作時間不定的關係，沒有辦法吃下一份三至四個月的「菜單」；有一回興沖沖自己排出「漢森課表」，兩個星期就執行不下去，因為有跑步就要有休息，也衍生出大仁哥另一套訓練方式。

大仁哥強調休息的重要，一定要睡飽再去跑，即使是練習也一樣，千萬不要帶著疲勞的身體跑步，會帶來反效果。再者，他也特別注重跑姿，認識了姿勢跑法（Pose Method）的概念後，感覺尤其受用，除了運用身體瞬間失衡、帶動往前移動的練習，跑時更自覺以「腳大拇指」著地，矯正自己「外八且O型」的雙腿結構，這些小細節若加總起來，對長距離相當受用。

賽前很少吃課表是大仁哥的特色，他也不擔心目標，但每一次比賽，確保自己在某些部分有所長進，長久下來發現，「跑質比跑量」重要。因為本身沒時間累積跑量，如果想要增加速度，大家都知道「練間歇」，如果沒時間練間歇，就改練前後段速度不一樣，比如後段加速，或是一個配速跑，以這樣的方式來取代。如果時間不夠，距離跑短一點，速度跑快一點；如果時間夠，就跑長一點、跑慢一點，每次跑步設個重點，有一個小小的質量目標，而不是一味追求跑量。

其次是設立目標賽事，有時是到國外比賽，給自己一個誘因，或是選擇可以產生額外效果的國內比賽，通常大仁哥都選擇重要比賽來激勵自己，給自己一點快樂的感覺。

再者，大仁哥從六、七年前開始透過鐵人三項運動游泳、騎車、跑步訓練不同肌群，除訓練耐力，同時也讓肌肉平衡。每週做一次瑜珈，讓身體回歸正位，有效提醒自己跑步姿勢的正位平衡，並增加柔軟度，也因時間上的限制，針對自主訓練做有意義的調整。

配速、補給、恢復　馬拉松的三道課題

大仁哥在馬場有諸多回憶，最難忘的馬拉松比賽，第一個就是二〇一一年日本沖繩馬，跑得非常差，給他很大警惕。如果要恢復得好，補給、訓練要到位，如果訓練沒到位，不要太執著成績，在身體不行的狀態下跑速度，對後面恢復沒有幫助。大仁哥也意識到補給計畫應隨速度、年齡調整，這也是他目前最重視的部分。

第二個難忘的比賽就是「波士頓馬拉松」，要跑波馬不容易，大仁哥費了好大的勁，歷經好幾場比賽才拿到ＢＱＡ。二〇一八年那次波馬是有史以來最冷的一次，氣象報告是攝氏三度，出門時體感是負

二〇一八年波士頓馬拉松終點衝刺，以三小時三十九分零三秒完賽。當年為波馬歷來最低溫賽事。

三度。波馬必須從城裡開車一直到城外，光這段路就讓人在巴士上冷得直打哆嗦，鞋子、衣服穿出去，腳已經半溼。更慘的是，現場根本沒有更衣暖身的地方，地上全是融雪跟泥土混在一起的泥漿，起跑後一路下坡，心跳特別快，跑得很緊張。

因為特別冷，很多菁英選手都棄賽，大仁哥幸好穿了外套保暖，跑到約半馬才丟棄，沿途也欣賞波士頓重要景點及衛斯理女子大學「尖叫隧道」。一路風風雨雨，直到終點還在下雨，但是拿國旗進場非常過癮。大仁哥的這場波馬是有史以來最冷、最多采多姿，也是他少數幾次拿國旗進場的比賽。

第三個難忘的馬拉松是二〇二四年二月的花博一百公里超馬比賽，並且打破一百公里六十五歲分齡紀錄，也是大仁哥比較得意的賽事。如果從PB角度來看，他第一次跑一百公里十小時二十六分，這次九小時四十八分，進步近四十分鐘；尤其是配速及補給計畫，幾乎達九八%的準確程度，身體也有辦法跟上速度，最主要是跑完復原也是很理想的狀態，心理上比破PB更高興。

這也是大仁哥第一次完整規畫一百公里長距離配速，並於賽前練習驗證可行後執行的計畫，發現對達標很有幫助。

他的配速計畫，前兩個半馬需各花一一一分鐘、一一五分鐘，全馬時間三小時四十六分（大會紀錄三小時五十七分，因為計圈關係需要多一圈），之後每小時距離分別為：四小時／四四．五公里，五小時／五四．六公里，六小時／六四．六公里，七小時／七十四公里，八小時／八三．六公里，九小時／九三．三公里，最後以九小時四十一分完成一百公里。

過程中，他幾乎都照配速計畫執行到位。最後手錶總里程一〇一．四二公里（相當於GPS有一．四二%誤差），以他最後全程均速五分四十八秒，換算起來誤差里程的時間差為七．六分鐘，所以，最後成績為九小時四十八分。顯見配速計畫有完整執行到位，只是沒算到GPS誤差。所幸原先規畫的九小時四十一分預留（比之前紀錄九小時五十五分）多十四分鐘緩衝，還夠最後應變。

補給計畫搭配配速計畫，除一般能量膠，每兩小時多加兩顆鹽碇，全程沒有抽筋，後四小時吃不下能量膠時，改以提神飲料加上僅有熱量的補給，維持後段能量；六小時後加顆止痛藥，對於減緩最後階

1 2

3

1 2018年波士頓馬拉松賽後，李吉仁與太太在一家小酒館慶功，感謝她一路相隨與扶持。

2 2019年倫敦馬，李吉仁以3小時24分26秒完賽，不僅是個人最佳紀錄，也完成六大馬志業。

3 連倩立參加2024年第128屆波士頓馬拉松，以3小時14分15秒獲得分組第8名。

7458
6479
4

Virgin money
45594
new balance

Finish
CHALLENGETAIWAN
we are triathlon!
2016 May 7-8
ORIGINATORS OF THE TRUE FITTED
5:50
FINISHER
SuperFamily
CHALLENGETAIWAN
WAYPOINT
CHALLENGETAIWAN
WAYPOINT
CHALLENGETAIWAN
WAYPOINT
5 6

7 

8 

9 

[4] 連倩立在2024年的波士頓馬拉松登上國際版面。

[5] 2019年，郭瑞祥順利跑完倫敦馬，拿到六大馬獎牌。

[6] 2016年5月，郭瑞祥與兒子參加台東三鐵。

[7] 福和橋的跑步日常，林美佐看到鏡頭就會自動展露最棒的微笑。

[8] 林美佐於土耳其卡帕多奇亞（Cappadocia）晨跑時留影，後方奇觀令人難忘。

[9] 2024年倫敦馬拉松是郭珊如的旗袍全馬初體驗，她在白金漢宮前高舉國旗，感覺不虛此行。

10

11 12

[10] 郭珊如以一襲大紅旗袍參加2024年波士頓馬拉松5K暖身賽。

[11] 2022年紐約馬，王嘉昇以3小時8分38秒完賽，獲得賽事年齡組別第12名！

[12] 2023年，王嘉昇穿波馬衣參加芝加哥馬拉松，當年他也參賽波士頓馬拉松，一年完成兩場六大馬賽事。

13 14

15

13 王翊菲平日常在河濱練跑。

14 王翊菲參加台大 EMBA 2022 校園馬拉松接力賽。

15 2023 年東京馬因傷選擇棄賽，李根旺特地安排東京櫻花滿開時與太太造訪東京櫻花季，稍稍撫慰沒能跑東京馬的遺憾。

16 2018年大阪馬拉松（李根旺特別喜歡到日本跑馬）。
17 劉盈秀以 NQ 成績去參加獨一無二的紐約馬拉松賽事。
18 跑完六大馬，劉盈秀完成人生十大夢想清單之一。

16

17 18

19 

20 

21 

19 2024年順利完賽市民跑者最高殿堂的波士頓馬拉松，倪政心努力多年終圓夢，成為六星跑者。

20 2019年，倪政心全家一起參與芝加哥馬拉松，拍攝於終點格蘭特公園旁的Blackstone Hotel，幸福滿滿！

21 劉溪烈參加2024國家地理路跑比賽。

22 劉溪烈在基隆河河濱進行日常練跑。

23 2023年，殷海翔在台北馬拉松拿下個人最佳成績2小時58分。

24 2023年北海道馬拉松，殷海翔在三溫暖洗禮下，以3小時47分完賽。

22

23 24

段肌酸痛很有幫助，後段其實速度也慢了，只要有碳水即可，口渴才是需要解決的問題，止痛藥是必要的。再來就是鞋子的選擇，大仁哥也有自己的體會，幾場比賽下來（全馬／五十公里／一百公里），對於碳板鞋要選擇比賽後段都還有不錯彈性的鞋子，這就要個人長期體會，才能感受鞋子回饋力。

更重要的是，有合理配速與適時補給，賽後復原速度超乎期待。大仁哥比賽當晚按摩完，補充綜合維他命與C和大量水，第二天睡一覺醒來，只剩左上髖骨酸痛，第三天早上醒來酸痛就消退了，賽後復原相當快。

在跑步的路上，大仁哥悟出許多道理，跑步是一個「自我成長」的工具，可以藉由跑步增進對自己身體的理解，運動策略的運用，以及如何去產生自己的成長。大仁哥常說：「限制點就是成長點。」的確，一個人在跑步時會有個臨界點，像是一個邊界，就如同個人的閾值，必須往外推展邊界，而那個邊界可能是本身限制點，比如說自己心跳不能超過多少，可能會進入無氧區，但經過訓練會發現，可以在同樣閾值條件下，容納更快的速度粒線體，跑出更快速度。

這也可以看出，「你本來的限制，其實就是你的成長點。」簡單來說，就像身體哪邊受傷，那個點就是要練的點，要練到能夠在不受傷的狀況下可承載更快速度，這個關鍵因素就是要加強的訓練點，撐過訓練點就會有成長點，以這觀點來看跑步這件事，會比較有正面及成長心態。

突破自我極限超馬無限　跑出習慣與信仰

基本上，大仁哥每一次比賽都會邀太太一起參與。尤其長距離跑步時，需要私補，太太雖不是專業，跟著慢慢學習，在背後支持並參與大仁哥的每一次挑戰。太太也跑點步，雖跑不長，最長可能跑過十三公里而已，但「夫唱婦隨」的感覺也是夫妻間的小情趣。

跑步對大仁哥一家來說，是一件大事，他跑步時，全家都當啦啦隊。跑步對下一代孩子的最大啟示就是老爸這把年紀還能「突破自我」。可能初期的時候，他們覺得老爸只是「不服輸、不服老的好勝心」，但慢慢的，大仁哥讓他們理解跑步可以成為一種「習慣、信仰及自我突破的方法」。大仁哥相信這對他們自己運動、維持健康的身心有幫助，不一定是跑步，但應該滿有啟發作用。

二〇一〇年的因緣，大仁哥開始進入跑步世界，之後還在學校從事創業教育與親身創業，退休後參與社會創新組織的成長。他相當感恩現在的生活，他生命裡頭精彩的事情都在台大發生，包括自己的專業，包括開始涉入EMBA的轉型變革及發展，也參與創業教育，都是以前沒有學過的。更高興的是，進入了跑步世界，結交一群學生輩的朋友，成為跑步路上自我成長發展的支持夥伴。

現在的大仁哥，依舊是一尾活龍，對於接下來的挑戰不自限也不設限，學生經常推坑更高難度的目標給他，誠如他自己所言：「你的限制點，就是你的成長點。」困難對他來說，只會創造更好的自己。

有想像要有方法，
有努力才會有收穫。
——李吉仁

挑戰大戈壁，成為女子百傑

——連倩立

二〇二四年四月波馬，是近七年來最熱的一次，雖有波士頓全城休假為跑者加油，但中午氣溫高達二十五度，對跑者真的是煎熬。誰都沒有料到，十幾度的溫差，讓近一千三百多人棄賽。

波馬的路線是以交通車將人送至偏鄉山林再跑回城市，過程中的地形上下起伏，再加上有名的「心碎坡」，有人比擬難度甚至比「萬金石馬拉松」還難駕馭，因為一開始的下坡常常會令跑者掉以輕心，速度太快會導致抽筋，而後段的連續上坡又容易吃盡體力，極考驗意志力。

起跑時伴隨著F35戰機凌空劃破天際的巨大聲響，低空掠過波士頓公園集結區，清晰的程度連下方的莢艙都清清楚楚，也展現了波馬對於維安的升級，沿途都有軍警人員守護，確保跑者在最安全的賽道上競速。

面對酷熱的天氣，耕跑團中跑起步來總是像小麻雀般跳躍的小倩——連倩立，依舊如飛毛腿般完賽，還拿下女子分八，這在國際賽事上幾乎是少之又少，但她做到了，一位台灣女跑者在國際舞台嶄露頭角，登上新聞版面。

參加二〇二四年第一二八屆波士頓馬拉松。

十二小時超馬賽未定時補給　總二頒獎竟上救護車

「二〇二二年三月參加台北十二小時超馬賽，未定時補給導致差一點掛急診，因耗盡全身精氣神，練跑總是力不從心。六月又確診COVID-19，更是不敢躁進，深怕有任何後遺症，其實是要快也快不了，幾乎歸零，挫折感纏繞。」連倩立回憶起那場令人崩潰的超馬賽，心裡還是有些陰影。

二〇二二年三月，時值疫情期間，延期的「渣打馬」再度取消，小倩遂臨時報名台北超馬十二小時賽事，之前只參加過標馬四二・一九五公里，當時心想可以陪台大EMBA師長挑戰超馬，也評估該賽事是封閉賽道，比賽過程可視身體狀況，隨時進休息站與評估是否繼續。只要超過四二・一九五公里，對自己就是一項新紀錄，因此，未特別針對十二小時超馬賽進行特訓，更遑論補給準備了，只有在賽前兩三天，請教超馬神人補給建議。

賽事中，因身體未發出補給需求訊號，犯了未定時補給的重大失誤，雖然用意志力跑完，也順利拿下總二的成績。但站上凸台等待頒獎時，身體突然感到掏空無力而坐下調息，幾秒的時間，她自覺身體的狀況無法自我排解，急請老公通知大會醫護，大會醫護讓她躺下，檢視幾項身體狀態。當時血氧降至八十多，血壓降至六十，緊急撥打一一〇通知救護車，等待救護車過程，也吃下葡萄糖補給，她的身體才逐漸恢復正常。

另外一件讓小倩印象深刻的賽事就是二〇二二全國EMBA馬拉松，她代表台大參加全馬組接力賽，每隊共十位選手，每位跑四．二公里。賽前練習時，右側腹部時不時毫無預警地抽筋，一旦抽筋便會痛到必須立即停下，尋求復建治療與按摩師，這個狀況始終未能根除，她心裡想著，萬一比賽中發生這個狀況，不能臨時換人，該如何處理？

賽前對團隊與她而言，都籠罩著惶惶不安的氣氛，只能祈禱不要出狀況。不料，就像「莫非定律」一般，不想發生的還是發生了，該面對的仍須面對，跑到一公里多，右側腹部抽筋，她腦中不斷想著，現在該如何做？「這是接力賽，不能棄賽，團隊成績啊！」真的很痛，嘗試稍微降一點速度，按壓右側腹部，呼吸放鬆，告訴自己又追近了一點，只要再撐兩公里，再一公里，再四百公尺，終於，硬撐到終點交棒。

那次十二小時超馬賽之後，小倩每次慢跑都會放慢再放慢，除了放空自己，也想著如何突破當下困境。觀察幾次慢跑後，發現不會太喘也不覺得疲累，於是，開始嘗試在慢跑結束前來個幾趟ST（短時間的加速或是約一百公尺的加速跑），沒發生上氣不接下氣的狀況，身體可以承受。確認身體狀況後，才逐步增加跑步強度及跑量，信心也一點一滴地慢慢重拾。

耐住性子，花了約兩至三個月才慢慢恢復，正好銜接上台北馬的訓練週期，也順利地在二〇二二年台北馬跑進台灣馬拉松女子歷代百傑車尾的第八十三傑。

三個月內　從女子百傑第八十三進化到三十八

接著二〇二三年三月，小倩二度參加素有亞洲最速賽道之稱的首爾馬，因為氣溫和前半馬幾乎是緩下坡而聞名；但全程仍有許多短陡坡及兩個長緩坡，考驗參賽者速耐力的扎實度，特別是後半馬。

三月十九日清晨，氣溫只有三度，小倩站在B組起跑線上的最前面。雖然聽不懂韓文，感覺相當陌生，但擠到了最好的位置，也只有奮力一搏了。起跑槍響的那一刻，嬌小的小倩如小麻雀般跳躍而出。

小倩表示自己抱了三個月佛腳，前半馬以每公里四分十一秒的均速完成，但到了三十公里後感到特別虐心及無力，肌耐力撐不起破三的速度，加上右小腿出現抽筋徵兆，後來左腳第三和第四腳趾頭真的抽筋了，數度想停下來走，但又想想太辜負前半馬的成績，就這樣內心不斷交戰地跑到了終點，雖留下了九秒的遺憾，但不感到懊悔。只覺得臨場運氣太好了，原先擔心的右腹部抽筋及左腳板疼痛未發作，步幅又比台北馬增加了七公分，所以，遺憾的部分只能留給再接再厲了！

她認為首爾馬的收穫是滿滿的，最終成績三小時零八秒遠超過預期，雖然許多人認為只要再快九秒就破三小時，但她的理智告訴自己：「可以了，已經破PB了，三個月前的二〇二二年台北馬才以三小時十分四十五秒進入台灣女子馬拉松歷代百傑排名八十三，如今也順利推進到排名三十八。」事後，她要特別感謝 Albert Huang 學長幫忙遞送成績到台灣田徑資訊站台灣長跑競技網更新成績。

挑戰大戈壁　一腳踏進跑步世界

跑步這件事好像是小時候體育課的事，再次跑步，其實跟很多學長姊開始進入跑步世界一樣。小倩進台大ＥＭＢＡ後，聽了小飛俠院長的戈壁管理學，燃起想要挑戰的念頭。

戈壁挑戰賽的競賽組（Ａ隊）是以學校為單位的比賽，連續三日共計一百一十六公里，每屆的路線與距離有些許不同，比賽地點在大陸甘肅，參賽學校包括兩岸三地的ＥＭＢＡ，每日以該校第六位進入終點時間計算，合計三日的總時間。

因為想要參加，小倩開始練習跑步，首先是入選候補每棒三公里的校園馬接力賽，從小學操場兩百公尺掙扎起，當時的每一步都沉重，每一圈都是新的里程碑。接著參加戈壁集訓，選拔資格條件之一包括半馬與全馬成績，所以有了第一場半馬兩小時七分與全馬初體驗四小時七分。

為了傳承，自戈壁結束後，接續協助下一屆戈壁挑戰隊，小

參加第十三屆玄奘之路商學院戈壁挑戰賽，有六十四所學校近三千人參賽。

倩持續陪跑；加上受徵召參加全國EMBA校際馬拉松接力賽（簡稱全國E馬），就這樣日復一日、年復一年地跑了下去。

跑步是唯一休閒　加入跑團有助於持之以恆

小倩長期服務於資訊顧問相關工作，協助企業解決資訊部門的疑難雜症，包括資訊治理與流程再造優化、專案管理（PM／PMO）、稽核等領域，擁有二十五年以上資訊管理實務經驗。這份工作對她來說，雖是自己的所長，但資訊工作做久了，不免仍會倦勤，還好有跑步得以抒壓。

持續跑步的原因說來慚愧，跑步是她目前唯一的運動休閒活動，以後，更希望變成一種不追求成績的運動習慣。跑步可以讓工作與生活找到一種平衡，抒發壓力；同時，與一群熱情與擁有正能量的朋友一起練跑，可以學習到很多人生的見解，開拓視野。目前還有讓成績進步的因子，可以再努力看看。

跑步是很枯燥的運動，只有少數人可以獨自持之以恆。她觀察到，大多數人很容易放棄，特別若是為了跑成績，一旦無法突破，便容易產生惰性，放棄是自然而然的事，所以，加入呼朋引伴的跑步團體，如台大EMBA門外社、台大EMBA波馬團、耕跑團等，以維持跑步習慣與熱情。小倩比喻耕跑團像萬花筒，總是有精彩、令人讚嘆的活動與創舉，是溫暖熱情與令人動容的跑團，她很榮幸成為耕跑一員，感謝膽哥及所有幕前幕後志工的付出。

小倩的跑步人生中受到師長、學長姊與耕跑夥伴的不斷鼓勵，實則「推坑」，傻傻地跟著大夥團練，一點一點進步，不過，坑似乎愈來愈大，小倩遂思索要想點辦法來填坑，工作上所練就解決問題的能力派上用場，「增加步幅」是成績大躍進的最主要技術面解方。

小倩形容自己長期迷失在眾人的讚美聲中，一起共跑的寶哥、愛博特、追風、愛莉兒、龍哥、格格等師長與學長姊則是她精神上最重要的推手，一句句「妳是我們的驕傲」，逼得小倩只能以加倍的努力回報。雖然參加的目標賽事不多，至今八場，卻幸運地進入了百傑殿堂。二〇二三年台北馬是小倩第一次沒有破PB的目標賽事，也是她要開始接受與學習的課程。

練跑課表化成小單元　慢慢進步建立自信

小倩沒有個人專屬課表，台北馬後主要以耕跑團分組課表為主，另外，還有一個波馬團練，每週一次一小時，沒有為特定賽事設定訓練課表。

她獨自練跑時的缺點是只要一到場地就會一直看錶，盤算著還有多久、還有幾圈才可以下課。相對來說，小倩比較喜歡跟著團體一起練，這樣進步也比較快，原因有三：

首先，在生理上，與速度相仿或比自己快的朋友一起練習，跟著跑時，相對速度下，不會覺得自己特別快，較易完成課表；特別是間歇與長距離。也因為這樣，當速度或距離慢慢突破，自信自然產生後，就敢繼續嘗試更快與更遠的課表；若是自己跑，很容易覺得超過自己所能承受的速度而想要降速或放棄；有時透過輪流領跑，也會出於使命感，較容易完成課表。

其次，在心理上，可以不斷鼓勵自己，不斷告訴自己做得到，不斷幫自己設定下一個目標，因為貧窮限制你的想像，高度、企圖心都不同，可以有不同的視野。例如：程度只能跑 B^+ 課表，耕跑團團長膽哥會糾正，我們是跑 A^- 課表，這中間有差異，心態馬上轉變，我在不同組別了，虛榮心作祟之下，練跑時有如神助。

最後，在過程中，大家都很樂於分享跑姿、肩膀手肘擺動等姿勢，還有衣服鞋子等裝備，以及補給、肌力訓練、受傷治療、運動按摩等資訊。從這些相互分享與砥礪中，會分析與嘗試哪些適合自己、哪些需要持續調整。

課表不一定都能完成，但將練跑課表化成小單元，例如：兩百公尺間歇跑十五趟，最後只完成五趟，這五趟的速度勝於從前，就是進步，藉此建立信心，離目標就會一步一步地愈來愈近。

師長、學長姊與夥伴的分享，是破ＰＢ相當重要的成長養分，小倩會嘗試看看是否適合自己，除了硬實力，意外獲得了軟實力的成長，不僅可用於跑步，更是感到開心。小倩也會從師長朋友的經驗中學習如何跨越挫折，好比大仁哥說的「限制點就是成長點」、寒天學長指導的「心情跑姿鬆鬆鬆」、魁哥（跑步不要聽主持人）的「練心修心」，有時大夥閒聊中不經意的一句話也會觸動小倩的好奇心，想找機會好好實踐，這些都是她的人生學分。

跑步哲學很簡單　跑出第一步很重要

小倩最想對想進入跑步世界的人說的一句話：可能是為了健康，可能是同儕壓力，也可能是跟風，總之，不管因為哪一種原因開啟跑步，可能適合也可能不適合，就嘗試看看吧！也許，會找到斜槓跑步人生；或許，找到另外一項更適合的運動。

跑步對於小倩而言，只在學校體育課時跑過，除了接力賽跑，從來沒有想過跑步會是團體活動。直到接觸跑步後，大開眼界，有跑團、有教練、有課表，幾乎每

台北田徑場練跑。

週末各地都有大大小小的路跑，也有神聖的六大馬被仰望著；因為想跑成績，隨之而來，會受傷有復健治療，需要運動按摩；為了更強大，重訓與肌力訓練也有其必要；跑鞋與比賽時的補給策略也是重要的課題；上述這些事，有許多前輩與跑伴都樂於分享，當然，她以前皆未曾想過。

二〇二三年渣打馬拉松，以個人半馬最佳成績一小時二十九分四十六秒獲得分組第一。

隨著每一場進步的成績，看似單純的跑步，再也不簡單，它是一門課題，也需要設定目標，講求方法，付出時間執行，檢驗成果；有時因進步一些而開心，也會因未完成課表目標而低潮；下雨或寒流或賴床，或外界誘惑如朋友聚餐等，想要偷懶的念頭常會突襲，在在考驗著意志力。

身為素人跑者，沒有競技選手的專業團隊督促與關注課表、身心狀態、營養與恢復等，因此，需要透過不斷自我覺察與修正，當然，跑伴的經驗分享與提醒也是很重要的養分。

小倩認為，跑步是一項枯燥無聊的運動，也是一種面對自我修身養性的過程；有時一帆風順，有時需要低調沉潛、休養生息；努力不一定有好成績，但可以肯定的是，沒有累積絕對沒有好成績，像極了人生。

努力不一定有好成績，
但沒有累積絕對沒有好成績。
——連倩立

走過人生低谷，振臂快跑的小飛俠

——郭瑞祥

「一個人可以很理智，一群人可以很瘋狂；一個人可以很隨性，一群人可以很自律。」這句話出自耕跑團幽默風趣、綽號「小飛俠」的郭瑞祥，一語道破「馬拉松」的精髓，也是耕跑團一直以來的精神所在，由一個人、一群人練跑，再到一起參賽、一起運動、一起成長，激盪出無數的運動火花與對跑步的熱情。耕跑團長黃張維是郭院長EMBA的學生，在郭院長春風化雨、誨人不倦的教導下，將這句話潛移默化地植入耕跑團的DNA中。

郭瑞祥曾任台大管理學院院長（Dean, College of Management）、台大副校長。他的「小飛俠」稱號其來有自，一是台大挑戰戈壁要取外號，就取「小飛俠」，意味著要像六〇至八〇年代紅遍街頭巷尾的卡通《科學小飛俠》一樣，歌詞的開頭就是「飛呀，飛呀，小飛俠」；二是他在馬拉松賽場上成績斐然，就像是飛的一樣，雖已過耳順之年，仍有全馬三小時十九分的實力。

他的下個目標是跑進三小時十五分；而且郭院長已先後完成六大馬、百馬和九次的戈壁挑戰，也參加多次鐵人三項競賽，五一．五公里標準鐵人賽、一一三公里半程超級鐵人賽、二二六公里超級鐵人賽，不知他的下一個階段會是怎樣的境界。

郭院長是管理專才，特別注重建立「團隊動能力」，他以時間維度與空間維度來詮釋「耕跑團」的行動能力。

在時間維度上，區分為：比賽前「一起團練、一起付出」，比賽中「一起出發、一起衝刺」，比賽後

「一起運動、一起成長」。

在空間維度上，區分三大重點：第一是「一個人可以跑很快，一群人可以跑很遠」，第二是「一個人可以很理智，一群人可以很瘋狂」，第三是「一個人可以很隨性，一群人可以很自律」。透過成員相互協助學習及團隊制約、規律練習，幫助每一位想在「馬拉松」這條路上有所突破的人。

郭院長是帶隊「台大ＥＭＢＡ」挑戰戈壁的常勝將軍，他的「戈壁管理學」廣為學生流傳，強調「比賽一起，運動一起，成長也一起」，跑戈壁前要經過九個月集訓，一點一滴建立革命情感，戈壁不是一場比賽，是一個長期活動，一起付出、一起團練、彼此信賴。戈壁是團隊活動，真正比賽時強弱不重要，「一起出發，一起到達」的意義超越勝負。

戈壁賽後，人生交集並未因此結束，這群人開始一起挑戰六大馬、挑戰超馬、挑戰二二六公里超級鐵人賽、挑戰各種極限運動，一輩子要「一起運動，一起成長」，這是運動最大的樂趣，也正是「耕跑團」創立最大的意義。

河濱練跑。

馬拉松三元素：健康減重、群體歡樂、運動競技

郭院長對馬拉松有深深的體會，七〇%的人都從「健康減重」開始，如果永遠都是自己一人練，每次練完只看減重多少，會愈來愈沒有動力，這時就需要一群同好一起激勵、一起尋找好玩的賽事，所以「群體歡樂」很重要。運動到最後一定是「競技」，也就是競賽，競技又分兩種，一是超越別人，二是超越自己；專業選手是超越別人，業餘選手是超越自己。

雖然戰績輝煌，郭院長的第一次卻不是那麼順利，他的初體驗和一般人一樣，二〇〇九年第一次參加安泰人壽（台北富邦馬拉松的前身）十公里馬拉松，他連什麼是寄物袋都沒概念。到賽場上就糊里糊塗跟著群眾跑，竟還背著自己要寄物的後背包，穿著長袖、長褲跑，當時畫面一定令馬場老手噴飯。但郭院長的初體驗，也跑出了六分速，六十分鐘完賽，對一個馬拉松生手來說，成績相當不錯。

也因為這一次，被學生看到郭院長跑步的潛力。二〇一〇年報名二十一公里半馬賽事，有目標後，一群人不定期聚會練跑，郭院長練得很扎實，每月跑量達百公里，整整一年把腿力練得很堅實，台北馬半馬跑出兩小時零三分。但此刻的他卻連「熱身」是什麼都不知道。當日陪跑的同學又見識了郭院長的潛力，雖沒有跑質，卻有跑量，學生又偷偷幫郭院長報了二〇一一年三月的「萬金石馬拉松」，而且是初馬。

郭院長記憶猶新，為了備戰「萬金石馬拉松」，自己獨自一人在台大操場跑了七十圈，數圈數到快頭暈了，也不知有無數錯，但達到他人生最遠的二十八公里。比賽當日，跑到二十五至二十八公里時，郭院長開始緊張，因為「萬金石馬拉松」是出了名的難跑。此時剛好有位學生經過並協助帶跑，不拚速度，但就是要跑完，郭院長如獲甘霖，上坡就跑很慢，到達終點四小時十七分，這對「初馬」跑者來說是相當優秀的成績。

萬金石跑完，接下來的歡樂就是群體一起找比賽，眾人提議「太魯閣馬拉松」，很難跑，但郭院長抱著去玩的心態，人生第二馬就這樣產生了。同學又開始洗腦，老師連太魯閣馬上坡都可以跑了，那台北馬一定要認真跑，結果跑出四小時左右的好成績，二〇一一年郭院長就跑了三場馬拉松，二〇一二年又跑了渣打馬拉松、台北馬拉松。

二〇一三年啟動歡樂海外馬，一行人相中三月的東京馬拉松，那時還不用抽籤，也不知是「六大馬」之一，去跑步一天玩四天，同年九月，一群人又去跑「芝加哥馬拉松」，到目前為止，郭院長都還沒認真練。二〇一四年因為想去歐洲玩，又選了「柏林馬拉松」，郭院長與學生們一馬接一馬，二〇一五年選中「紐約馬拉松」，跑完後突然有人說，「我們已經跑完世界六大馬中的四個馬了欸」，只剩「波士頓馬拉松」和「倫敦馬拉松」。

原本郭院長並沒有完成六大馬的心願，覺得波馬的成績是遙不可及，但因一位綽號「刺客」的同學在日本「大阪馬拉松」成績達到BQ，驚醒了夢中人。二〇一六年，郭院長決定成立「台大波馬團」，和學生一起去追求波馬，目的不是要戰勝別人，而是要拿到BQ。他們開始找教練共同團練，從那一天開始，郭院長才知道什麼是暖身、什麼是課表，也才有了科學化訓練的概念。

談笑用兵
「六大馬」、「百馬」、「二二六超鐵」全收錄

當人有目標、有好勝心，那股願力是十分強大的。郭院長的目標不是拿獎牌，而是達到同年紀BQ。從此，一群人開始比較有系統地訓練。

與EMBA學生在河濱練跑。

二〇一七年連續四場馬拉松，郭院長每一場都破ＰＢ，當時「萬金石馬」ＰＢ三小時五十一分，「台北馬」跑出三小時四十九分，雖只進步兩分鐘，但成就感十足；緊接著三週後跑「廈門馬」，竟跑出三小時四十五分；隔三週又挑戰「金門馬」跑出三小時三十八分，眼看ＢＱ就要到手了。關鍵在「渣打馬」比賽當天，郭院長狀況奇佳，再加上高手領跑，跑出三小時三十四分的好成績達到ＢＱ。

郭院長現在相信「系統訓練」真的很重要，以前都亂練，再加上一群人彼此激勵，二〇一七年「渣打馬」取得ＢＱ，二〇一八年參加史上氣候最惡劣的「波士頓馬拉松」。波馬跑完後，「台大ＥＭＢＡ波馬團」挑戰更快速度，比賽場地愈顯重要，於是二〇一八年又挑選一場適合破ＰＢ的「澳洲黃金海岸馬拉松」，郭院長跑出三小時二十四分，成績相當好。二〇一九年挑戰日本「東京馬拉松」，為了這場馬拉松，四天三夜行程都沒旅遊，純粹為破ＰＢ，比賽當天超級冷，那一日郭院長跑出三小時十九分，如願達到人生最高峰。二〇一九年也順利跑完「倫敦馬拉松」，在相互激勵、一起團練、歡樂跑旅中，「六大馬」不知不覺跑完了。

但畢竟人無法抵抗歲月增長，體能巔峰會隨著年歲消長，每次付出不一定都能拿到好成績，郭院長開始轉換思維：「最美好的速度已達巔峰。」跑步競技重回歡樂、旅遊、健康，開始追求耐力型賽事。

二〇二〇年疫情嚴重，追求速度已不可能，郭院長突然發現已累積六十五馬，距「百馬」還有三十五馬。他為自己找目標，設定二〇二一年一月一日完成「百馬」。依據目標來看，郭院長必須週週都參加馬拉松賽事，甚至有時一週跑兩場馬拉松，但他又想在二〇二〇年底的台北馬拉松再拚一次速度，期間還參加了兩次一一三公里半程超級鐵人賽，真是令人驚嘆。

二〇二〇年，疫情造成恐慌之際，郭院長卻相當忙碌，預定目標全都達標，跑三十五個全馬、兩次一一三公里半程超級鐵人賽，而且一一三完賽時間還是有史以來最快的一次：六小時七分。那一年，他每個週末都凌晨三點起床，五點鐘起跑，跑完回家近中午，睡個覺，一個星期日就過了，一週復一週，累積再累積。

郭院長也挑戰二二六公里超級鐵人賽事，他形容「根本宛如人生」。二二六公里的距離，正好可以從台北一〇一大樓，抵達南投日月潭，在賽事 距離中，包含三．八公里游泳、一八〇公里自行車、四二．二公里跑步，多重挑戰，交織不同風景。超級鐵人三項，正是逼著郭院長去克服每一道難題。

在三項運動中，他只擅長跑步，游泳算是勉勉強強，而騎單車最不拿手，甚至還有嚴重的摔車恐懼。但有趣的是，當踏向不擅長後，收穫卻往往最大。啟動陌生的運動，讓少用的肌肉群一一完整練

歷年全馬PB進步。

上，更以不同方式如更急促、更長時間，將心肺功能鍛鍊得更為強大。

站上賽道，回首賽道，才明白這絕非一個人的賽事，能出賽、能練齊三種能力、能堅持到最後的，正是一起團練的夥伴。郭院長心中的「鐵人」，就是願意踏出第一步，並努力到最後一步的人。

不是要勝過別人　而是不要輸給自己

如同他對跑步的堅持，從健康、歡樂到競速，二〇二四年二至三月連續四週，郭院長參加三場很硬的賽事，包括二月二十五日的台北渣打馬，三月九日的台東 LAVA TRI 113 鐵人賽，以及三月十七日的萬金石馬。郭院長跑過五次「渣打馬拉松」，二〇一七年以三小時三十四分的成績拿到ＢＱ，喜出望外，今年（二〇二四）再跑渣打馬，成績也是三小時三十四分，反而有點小失望。

渣打馬那一天，郭院長前半馬一小時四十一分，比預期慢，但還算可以，沒想到二十五公里時吃補給太多太快，竟停下狂吐一分鐘，好不容易拉回速度，結果三十一公里又碰到大逆風掉速，後半馬跑了一小時五十三分，掉速太多。

郭院長因二〇二三年台北馬前重感冒兩週，跑得不盡理想，二〇二四年渣打馬前兩個月認真吃課表，希望當補考，至少跑進SUB三小時三十分，可惜事與願違，不知是身體過累，還是前面跑太快，或年紀變大，有練但沒達到預期結果。郭院長輕鬆看待，他覺得追求速度不容易，要多多享受跑步的樂趣，不能只拚速度。接下來再想想如何穩紮穩打。

緊接著又參加三月九日的台東 LAVA TRI 113 鐵人賽，身體已經疲憊，體能不太可能一週內恢復。三月十七日的「萬金石馬拉松」預設目標三小時五十分以內就合格。可是萬金石沒有一次好跑過，天氣不是很熱，就是下雨，上坡沒完沒了，還有麥當勞坡，是非常難跑的場地。郭院長比賽前一天先住在離起跑點很近的福泰飯店，早上五點起床，很悠閒地六點半起跑，才跑五公里就發現體力不佳，前半馬花了一小時四十八分，算是慢的。回程也是慢慢的，剩十公里時發現竟被三小時四十五分的 Pacer 超過，驚覺SUB三小時五十分不保，立刻黏著三小時四十五分的團隊跑，以三小時四十六分完賽，勉強達標。但「萬金石馬拉松」是郭院長的人生第一百二十一馬，也是第九次跑萬金石，算是很有緣的馬拉松；二〇二二年氣溫將近二十七至三十二度，他竟然以三小時三十三分完賽，破自己場地紀錄。

二〇二四年四月，郭院長四度造訪美國「波士頓馬拉松」，緊湊的「跑馬人生」再添一筆，也順道借跑馬之名，看看在美國就業的兒子。

人生好難　老天的試煉不會手軟

郭院長擁有令人稱羨的工作、心靈相通的人生伴侶，一九九六年、一九九九年，又有兩位小男孩陸續成為家庭成員，人生至此，夫復何求？他感謝上帝安排，過著「人生勝利組」的生活。

但「賣命」超時工作，不知死亡居然悄悄找上門。二〇〇一年，郭院長四十歲，在美國的弟弟傳出罹患肝癌。肝是沉默的器官，弟弟病情一發現，已是肝癌末期，唯一治療方式，只能等待換肝手術。弟弟的病情敲醒郭院長，立刻去檢查身體，死亡露出猙獰面孔，在肝臟部位發現不正常的腫瘤，醫生強烈建議即刻住院，接受更詳盡的檢查。所幸肝癌腫瘤發現得早，約四公分左右，尚未擴散，可以外科手術切除，也無須化療。手術相當成功，但即便順利，也元氣大傷，短短一個月內，郭院長竟瘦了十多公斤，他戒掉週六上班的習慣，把時間留給最重視的家人，開始陪兒子踏青運動、伴著他們成長。

老天爺並未停止對郭院長的試煉，二〇〇七年底，他的妻子離開人世，在妻子的追思會上，郭院長並未崩潰大哭，但心裡宛如孤島，如同一個封閉自己的人。面對即將進入國中、即將邁入青春期的兩個兒子，這位「新手單親爸爸」，遇到了執教以來最大的難題。但很快地，郭院長悟出：「我若喪志，孩子就喪志；我若前行，則孩子將跑得比我快、走得比我遠。」他以陪伴拉近彼此情感，學會「放手」讓孩子飛，尊重孩子的選擇，當孩子的隊友，與他們凝聚在一起。他更是孩子的楷模，支持、潛移默化著他們人生前行。

父子三人相約一同完成「鐵人三項」，紀念愛妻與摯母。他們騎車、游泳、長跑，三人像朋友般打鬧，也彼此打氣，雖速度不一、各自單飛，但都完成挑戰，終點相聚，分享見證彼此榮耀。郭院長深信，在天上的妻子看見這一幕，應當是喜悅無比吧！

郭院長的小兒子 David 於二〇一七年八月出國讀大學，出國前四個月，二〇一七年四月，父子共同參加 CT 鐵人三項比賽。郭院長第一天比一一三公里半程超鐵，小兒子第二天比五一五標鐵，郭院長在五一五終點迎接小兒子，創造美好的人生回憶。

七年過去了，小兒子自加州大學畢業，回台服役後，又回美國找工作，目前在 Amazon 擔任軟體工程師。二〇二三年小兒子提議回台再一起參加三鐵賽，於是報名二〇二四年台東 LAVA 三鐵歡樂賽，小兒子仍是五一五，郭院長依舊是一一三，只是比賽變成同一天；小兒子早上七點三十分下水游泳，郭院長去加油歡送，然後換郭院長九點下水游泳，下午四點小兒子在終點迎接他，再次創造美好回憶。

郭院長個性樂觀，擅長將管理運用到企業經營與生活層面，面對人生難題，不怨天尤人，他覺得人生難題，不也經常在「多」？人生必有多重角色，而每一角色不僅各有難度，更是爭搶著有限的時間資源。同樣地，身為一位跑者，也要善用每一次可以練習的機會，「時間是擠出來的」，自律很重要，最害怕的就是不出發。

郭院長常常對學生說：「運動本身的目的，不是要勝過別人，而是不要輸給自己。」想要跑步的朋友，還不快穿上跑鞋，去尋找自己另一種可能？

與兒子合照。

運動本身的目的，
不是要勝過別人，而是不要輸給自己。——郭瑞祥

拋開高瘦美，跑步運動做公益——林美佐

在航空業服務的Misa，不同於一般人能穩定地接受跑步課表訓練，每週長短班交織在全球各城市，排班飛行執勤，除了要在不同城市尋找可供訓練的場地與環境，還要適應懸殊的氣候溫差，並且對抗經常日夜顛倒的時差，最痛苦的莫過於必須獨自一人面對有強度的間歇與虐心的長距離課表。

「有時候，真的是累到沒辦法去練跑，」Misa臉上露出疲憊的表情說道，「譬如在紐約只能早晨摸著低溫去跑，因為晚上危險。但紐約早晨剛好是台灣夜晚，時差還沒調過來。」因為工作之故，訓練課表經常需要反覆調整，每當工作與訓練計畫衝突，她總忙得一身疲憊。「疲憊的時候，內心天人交戰，很想放棄。」Misa說著，「放棄是一種選擇，只有堅持，才有機會離夢想更近。」二〇一九年台北馬拉松，Misa跑出三小時三十五分五十秒的成績，堅持，讓她跑出當年個人最佳紀錄。

新冠疫情，啟動規律運動之路

二〇二〇年新冠疫情嚴重，全世界按下了暫停鍵，百業急凍，影響全球飛航，航空班次大受影響。「我的生活多了以往從未有過的奢侈時光，」Misa特別珍惜這段時間，「有機會抽離工作日常慣性，給自己更多空間與時間，進行安排與調整。」疫情期間，Misa抓住這難得機會，開始吃著耕跑團的課表，與跑友正常、規律地跑步及騎車訓練。此外，她還遠赴台東潛心修習 RYT200 瑜伽師資班，取得瑜伽教師資格證書。

在那兩年期間，除了空服員正職，Misa 亦開始在耕跑團擔任線上瑜珈老師，教授線上與實體瑜珈課程。自從接觸瑜珈後，在冥想與靜心的潛移默化間交互作用、沉澱自己，對運動表現與人生觀助益良多。瑜珈淬鍊出柔軟度，對於跑步、運動後的肌肉放鬆與伸展，尤其有幫助。「我很享受瑜珈在身心靈上所發揮的正能量，」Misa 嘴角上揚，「在一次次的授課中，與跑友們，把瑜伽的好，傳播出去。」她樂於分享美好的事物，還有一顆讓周遭人更好的助人之心，在瑜伽授課交流過程中，表露無疑。

Misa 在這階段接受兩年跑步、單車課表訓練，並藉由瑜珈強化身體與心靈的耐受力，在運動表現上有良好的發展。然而，那兩年間，一系列的馬拉松賽事也接連因疫情取消或延宕，所有的訓練與備戰都派不上用場，苦無標馬能夠參賽。二〇二二年，因緣際會下，她踏上了超馬與超鐵征戰之途。那年她開始接觸超馬與超鐵，很幸運地在初超馬「台北花博六小時賽」與第二場超馬「南橫六十公里超馬賽」皆榮獲總一。

「只能告訴自己，就是拚命向前。」Misa 回憶起南橫超馬的那一天，「雖然在跑的時候，呼吸調控不是很順利，但就是盯著前面的人跑，也不太敢放鬆心情享受南橫的壯麗美景。」

「我一直以為自己是第二名，只是一直追一直追，想要追上前面的第一名，」Misa 伸出右手比了一個二，「不敢停下來，但女總一不知在哪個補給站或哪個彎道被超越了。有點像龜兔賽跑，兔子不知道何時不見了。當不敢停的我跑進終點時，感覺有些錯愕。」這個意外，也讓 Misa 奪下女子組的桂冠。

有氧極限耐力運動中，鐵人二二六似乎是一個遙不可及的天花板，在鐵人界流傳著一句話：「一生一定要一次二二六！」腦波弱、又自小覺得自己游泳還行的 Misa，有壞朋友推坑，告訴她：「超馬都登上總一，如果你會游泳，就沒有理由不上二二六啊！」Misa 當下也覺得人生應該要有一場二二六才算完整，就在朋友的遊說下，報名了「2022 Challenge Taiwan 超鐵賽」（一日完成游泳三．八公里、騎車一八〇公里、全馬四二．一九五公里）。

參加二〇二二年圓山花博六小時超馬賽，正值體力高峰期，拿下女子組第一名。

「頂著南橫六十公里女總一的頭銜，」Misa 在賽前分析自己的二二六策略，「游泳三．八公里只需要平常心；自行車一八〇公里可以順順騎，全程維持心律在 Zone 2，不要爆心跳；在最後跑步強項全馬階段，設定在全程以每公里五分四十秒配速，穩穩拿下最後的全馬，完賽二二六。」

想像很豐富，現實卻很枯竭！在 CT226 賽道前兩項，就如 Misa 賽前設定的目標穩穩拿下，進入第三項跑步轉換，前半馬幾乎是勉為其難地在預計配速下推進。「我好累、我好累、我好累……！」一過半馬，Misa 瞬間就崩盤了，恍惚地呢喃著。「極度疲勞感湧上，彷彿身體對跑步失去記憶，昏昏沉沉地在賽道上晃啊晃！依稀聽到耕跑團的夥伴加油團在賽道上一直大聲喊著『Misa 加油！』」

就這樣走走、跑跑撐到最後五百公尺，親愛的家人們突然出現在賽道旁，Misa 擠出不真實的迷幻笑容，家人拖著、牽著她的手，一同扶攜、搖晃進終點，拿下自己的初二二六超鐵，竟然是CT國際賽的分組第一，位居全部出賽女子選手的第二名。

Misa 很意外，在初二二六取得十二小時三十六分的優異成績。「感謝瑜珈在比賽時發揮作用，」Misa 賽後說，「在比賽最痛苦的時候，瑜伽的冥想與靜心讓自己的元神從疲憊肉體抽離，讓靈魂享受到最極致的快樂。」

醜小鴨與過動兒

故事說到這裡，相信很多人都生氣了，為什麼 Misa 外型這麼亮眼，又那麼輕易就拿到第一呢？「說真的，一切都不容易。」Misa 望著遠處說，「在進入跑步的世界之前，我是個相當不滿意自己、相當沒有自信的人。」

受日本教育的阿公，為她取了這個名字：Misa／林美佐，中文與英文名字都有著淡淡的日本味，卻是位正港的台南鄉親。她是一位開口說台語就會被認為絕對不是台南人的台南人。原本自我認知「白白瘦瘦」才是美少女，卻轉變成現在這個小麥膚色的陽光女孩。這過程經歷了數十場馬拉松、數十座百岳，以及數千次與自己的對話。

「我就是個好動兒，但連呼吸都會胖的體質卻沒因為好動而有所改變。」Misa 喃喃地說，「我沒有自信，而且是已經到了有些病態的程度，甚至怨媽媽把我生得不夠好。」

這個女孩因為自己的身材而充滿了不安。「如果有男生接近我，我都會覺得是和朋友猜拳猜輸，不得不來對我示好，作為懲罰。在高中、大學階段，為了讓自己體態更纖細，我每天只吃一個飯糰，硬是要把自己從六十四公斤餓到四十九公斤。」

尤其在考上空姐後，接受訓練的階段，Misa 感覺同事都比自己漂亮，感覺自己就像是醜小鴨，內在空泛、外在貧乏，找不著肯定自身的價值感。外表明亮的她，內心卻相當孤獨。

「我過去的目標是高瘦白，」會開始運動的理由，她笑說很膚淺，但誰又不是呢？「一開始運動是為了瘦身，會去學校田徑場跑五圈，或每週打羽球。」學生時代 Misa 接觸運動是為求曼妙身材，現今回首過往，知道對身形的在乎實在是多慮。「我想，其實是對自己沒有自信。」

「過去的我，太在乎別人的眼光，在乎我在別人眼裡瘦不瘦、美不美。」Misa 回想過去，帶著點審視自己的意味，「但我慢慢發現，把別人的眼光等同於自己的價值觀，是錯誤的！人生其實盡力就好，最重要是開心、快樂。」現在她常趁著休假時跟朋友爬山、跑步、游泳，透過運動找回了信心，似乎尋覓著自己該走的路，思想也愈益成熟。「高

與運動作家兼心靈導師鄭匡寓總編輯分享跑步大小事。

瘦白是我以前的目標，但那不是我的樣子，我應該要接受自己。」

Misa露出晒成小麥色的手臂說：「我喜歡運動晒太陽跟游泳，我很喜歡現在的樣子。」現在的她，運動是為了享受愉悅，也找到健康、自信與正面的心態。運動帶給她最大的改變，就是現在的她可以帶著健康的小麥膚色自在地走在路上，與自己和解，不會過度在意別人眼中定義的「外表」。

過去的Misa在意他人目光，活在別人的期待裡，但她發現這樣不快樂，失去自我。現在的她，不想成為世俗認定的跑步正妹，也不想成為網紅，或是大家口中的「跑步最速空姐」，她想找出自己的模樣，察覺自我，活在當下，並時時刻刻感受自己的萬千思緒。

「我應該比以前更有自信一點。」Misa笑說，「現在的我，是我喜歡的，是我的模樣。」

愛跑步的人，因自律獲得了自由

「在這世界上，很多事情都需要專注、需要忍耐、需要心無雜念，跑步就是其中一項。」Misa眨著一雙明亮透澈的眼睛娓娓道來，「在長班飛行執勤和跑步也有相通之處，都需要專注，都需要忍耐，都需要心無雜念、專注當下，要隨時掌控機上乘客的安全與乘客的需求。」

「在生活中自律，並不僅僅意味著讓自己變美、變瘦，自律能讓自己專注、忍耐、心無雜念，是自我控制的能力。」Misa 思索著自律的含意，「想要變得自律，需要對抗自己的惰性，需要克服各種困難，要規律作息，找到屬於自己的節奏。」Misa 這些年運動的心得是，當不再以忙和累作為藉口，不再賴床，而是立刻起床跑步，就離更好的自己更近了一點。「只有對自己狠一點，懂得約束和自控，才能在誘惑遍地的世界，活出自己。」Misa 對自己這樣期許著。

Misa 希望能一直保持運動，擁有好的身體，有自律的心，才能在經歷人生低潮的黑暗時刻，找到重新出發的勇氣。「當你健康、自律，就有機會發現，人生沒有跨不過去的坎，也沒有過不去的事。」Misa 希望與大家共勉，「願我們都能自持自律，扛得住磨難，應付得了挑戰，成為更好的自己。」

開啟「跑步做公益」之路

幾年前，Misa 和朋友去了一趟非洲之旅，親眼目睹有人為了生存而必須在沙漠裡步行三天（唯一的交通工具就是雙腳），只為了打兩桶水回家，然而他們生活在極度缺乏資源與充滿險惡的環境，臉上卻帶著最真誠的笑容。

這一幕讓Misa相當震憾，在她的世界裡，根本沒有缺水的問題，很難想像在世界的另一端，有人為了水而付出辛苦的代價。Misa忍不住思考，自己該為這世界做些什麼呢？

二〇一七年，Misa在京都馬初馬，跑到三十多公里，正撞牆煎熬，兩人三腳的身影從旁刷過，同時口中喊著：「すみません！すみません！」(Sumimasen! Sumimasen!) 被刷過的跑者，都對著這兩人三腳的身影大聲喊出：「がんばって！がんばって！」(Gan-ba-te! Gan-ba-te!) 陪跑員與視障選手一起握著一條牽繩，疾馳在賽道上，也就那麼一瞬間，Misa像是觸電了，好帥的陪跑員，讓視障選手能馳騁在馬拉松賽道上，Misa全身血液沸騰起來，「我怎能不加油呢？」

二〇一九年七月，「那時候我正為了BQ的課表，練得非常厭世，」Misa回憶，「希望能藉由不同的運動方式、型態來療癒自己。」得知跑團的Sunny老師在「崇愛發展中心」陪伴、帶領小朋友做體適能運動，那是自閉症和糖星兒小孩上課的地方。

最初的體適能課程內容是帶著小朋友跟著sunny老師做簡單的動作，先做幾個暖身動作，然後是單腳抬腿、雙腳交叉往上跳，或單腳或雙腳跳格子，接著在發展中心的小操場跑五至十圈，最後以瑜伽伸展結尾。

Misa開心回憶，帶領自閉症與糖星兒小朋友訓練了幾個月後，「家長們帶著小朋友們參加一個三公里反毒公益路跑活動，小朋友在我們的陪跑下參賽，最後全數順利完成賽事。」

取得體適能教練證照後，Misa 參與了台北長跑扶輪社與森林跑站合作的體適能課程。

「小朋友參加比賽和我們大家一樣興奮，可以明顯感受他們也很想完成比賽的心情，」Misa 分享當時的情緒，「尤其是上台領完賽獎牌的時候，嘴角笑得陽光燦爛，那展露出來的自信，彷彿完成了一件不可能的任務，我們陪伴者也開心得要落淚了。」那些特殊小孩的父母親，看著自己的孩子第一次上台領獎，看見孩子能擁有這樣的成就感，都超感動得熱淚盈眶。

那次的陪伴經驗讓 Misa 覺得，陪伴小孩最主要還是需要細心和耐心，但也需要一些基本體適能常識，於是她去考了體適能C級教練證照，希望能在跑步陪伴上有更進一步的機會幫助別人。讓別人達成夢想，自己更開心。

「當在他人的黑暗中點亮了一盞燈，我的心也被這光給溫暖了。」

二〇二二年十月，回憶起 Misa 與雅苓第一場三鐵賽，是墾丁海泳公開水域的 Ironman 113。當時，三鐵選手們一起下水，在海中，其他選手的自由式穿越 Misa 與雅苓之間的游泳引導繩，並拉扯脫落，「當繫在我腰際的引導繩，張力消失、軟鬆往下沉的那一刻，我漂在海中不知如何是好？失去導引，當下真心覺得要棄賽了！」賽後雅苓回憶起那一瞬間的心情。

「我發現綁在右腳踝的引導繩脫落了，回頭潛入海中，用右手撈回引導繩，然後就緊緊拉著引導繩，」Misa 指著右手說，「當下只剩自由式左手能滑水推水，就這樣右手拉著雅苓游完全程一千九百公尺，把她帶回岸上。」

Misa 與雅苓有驚無險、同心合作完成海泳的項目，通力完成九十公里雙人協力車騎乘，最後在半馬壓線以十小時三十分的成績完賽，完成不可能的任務。「比起自己完賽，帶著雅苓過終點更感動。」Misa 回想著這份共同挑戰 Ironman 113 的過程感動地說。

「認識雅苓，單是聽著她的故事，對我就是一種無形中的激勵。」Misa 訴說著第一次見到雅苓的印象。雅苓先天全盲，卻熱愛生命、勇於探索與挑戰自己，這需要更強大的心智與毅力。

一開始要面對的難關是與雅苓的溝通及默契培養。「如何讓雅苓對我有信心，並了解她的步調和身體狀況，然後去配合她，但也不能完全配合她，這必須在過程中持續溝通與討論，一起找出最好的方法，去提升完賽挑戰的可行性。」Misa 分享二〇二二年至二〇二四年陪雅苓練三鐵的經驗。

「雅苓在視覺以外的感官非常敏銳，心思也非常細膩，與其說我引導雅苓在三鐵的訓練與比賽，不如說兩人是相輔相成的三鐵夥伴。」就這樣，她們成為好朋友，一起流汗運動、一起享受美食、一起挑戰生命。

談起陪訓雅苓三鐵為 Misa 帶來什麼轉變，讓 Misa 覺得自己學到的更多，更能以同理心去看待不同的人事物。「雅苓對周遭的細膩觀察與人生體驗，甚至比明眼人來得更透澈。」Misa 進一步說，「讓我學習放下自我，懂得如何同理他人。」

Misa 的人生，因為雅苓而有了不同的視角與感受，「我習慣用視覺去接收，但是雅苓是用心去感受，讓我也開始學著用心感受，去豐富生活。自己也更珍惜一直以來理所當然擁有的一切。」表面看來是 Misa 協助雅苓挑戰三鐵，實際上卻是雅苓讓 Misa 對人生有了更深的體會。

二〇二四年三月底，雅苓與 Misa 再度成為「普悠瑪賽道上最美的隊伍」，兩人更越級挑戰，成為首支挑戰二二六超級鐵人賽事的女子視障隊伍。

在三．八公里的游泳項目中，Misa 與雅苓之間的引導繩兩度被扯掉（三鐵游泳可真是一場水下大亂鬥）。有驚無險地上岸後，她們騎上借來的鋁合金雙人平把協力車，除了風阻大，更較一般二二六選手的碳纖維三鐵車或公路車重了許多。

在第二趟九十公里，騎上八嗡嗡的去程，突然暴雨襲來，騎在前頭的 Misa 眼前的視線都模糊了，兩人全身都溼透了。好不容易熬到接近一三五公里處，回收車已經尾隨靠近中。Misa 微微偏著頭關心雅苓：「雅苓還好嗎？」出發前，雅苓還發著燒，大清早臨時買不到退燒藥，只能請雅苓多喝熱水。

「我覺得又冷又無力。」雅苓有些顫抖地回應著。

「雅苓，我們這一路一起努力走到這裡，不管是要繼續奮戰下去，還是被回收，我們都要一起充滿自信地肯定自己！」Misa 一邊看著後頭逼近的回收車，一邊對雅苓說著。

第一次，她們在三鐵賽一起上了回收車，但兩人的心情依舊一樣美麗，因為她們努力過、奮鬥過，是台東普悠瑪賽道上最有愛、最美的隊伍。

與視障選手雅苓一同完成 2023 Lava Tri 113 賽事，這是雅苓人生第一場鐵人賽，也讓她成為了第一位視障女鐵人。

持續燃燒助人的熱情

近年來，Misa 在跑步、三鐵賽事上日益發光，也持續投身於運動做公益的領域中。二〇二二年，長跑扶輪社積極網羅 Misa 入社，擔任公益服務主委一職。

「過去都是以個人或非組織型態投入在運動公益上。」Misa 說起過去這幾年的體驗，「加入長跑扶輪社，讓我可以嘗試運用組織的做事方式與力量，集合眾人的智慧，將跑步、運動結合公益，有機會幫助更多的人，試著改善一些人、環境與問題。」

Misa 首先結合過去的老戰友 Sunny 老師，邀請整合長跑社友與耕跑團友，組織一支「夏威夷海洋舞團」，巡迴在企業年終尾牙與其他扶輪社例會中進行表演與募款，共計募得四十多萬。

其中一部分募款用來啟動「松山喜憨兒工坊公益跑班」，投入專業體適能與跑步教練，Misa 每週與社友到工坊，希望為過去沒有接觸過運動的喜憨兒創造動起來的機會，為他們的生活注入健康與活力。

另一部分的款項則用來贊助與主辦第二屆的長跑扶輪社長明賞超馬盃的賽事，藉由這項超馬盃賽事擴大宣傳長明賞。長明賞成立是為了提升台灣中長跑在國際田徑界的地位，獎勵在中長跑運動上貢獻卓著的優秀運動員，讓他們能夠在運動的國際舞台上被看見與重視。

愛到最高點

「我想試著以不同於過去的方式，提升跑步、運動做公益的影響力與能見度。」Misa 侃侃而談，「甚至是一種新理念的展演型態，將跑者樂於自我挑戰、堅持不懈的特性，結合團隊合作，創造能夠植入永續性與公益性的場域和活動。」Misa 累積數年從事運動公益的經驗後，如此思索著。

於是，「2024愛到最高點，3886讓愛蔓延」的活動誕生了，在 Misa 與團隊夥伴的穿針引線及奔走下，這項活動由台大EMBA校友基金會、耕跑團與台北市長跑扶輪社共同主辦，雪霸國家公園管理處協辦。

活動主要是由跑者以「人車接力」方式，「由台大管理學院出發，一七八公里人車接力至武陵農場，加上雪山單攻至主峰三八八六公尺的公益之路。」主辦單位想藉由這樣的跑者展演計畫，對認同的企業、單位與個人進行公益募款。向各界募集而來的物資，將分送至公益之路沿線的偏鄉及部落學校，支持孩子們的學習環境。

「這次愛到最高點活動，於今年（二〇二四）七月六日至八日舉行，全部公益跑者共計二〇三位。」Misa 詳述此次活動時間與人數，並認真以雙手比出一一七的數字，「此外，一一七位跑者單攻雪山主峰，這簡直是個不可能的任務啊。」

經過三天兩夜的活動洗禮，Misa 和所有參與者都完成了任務，也正醞釀著下一次的計畫。我們一起拭目以待，期待 Misa 與團隊夥伴再創台灣跑步界的另一次不可能的公益任務。

放棄是一種選擇，
只有堅持，
才有機會離夢想更近。
——林美佐

在動靜之間，體會人生風景

——郭珊如

二〇一七年運動筆記票選活動中，她戲稱因身穿閃耀的「耕跑衣」僥倖拿到「冠軍」，堅信跑團的好運給了她這麼多的愛與勇氣。在「耕跑團」中認識各式各樣的勇士與神人，更是拓展了視界。她最喜歡看跑友一起完成課表後，閃爍在眼裡的光芒，那份生命力與感染力總有滿滿的感動與鼓勵。她也期待可以穿著「耕跑衣」不斷破PB，讓更多人看見力與美的融合。

她就是臺北市立國樂團胡琴演奏員郭珊如，人稱「最速音樂家」。跑齡七年，全馬最佳成績三小時九分五十四秒，半馬最佳成績一小時三十四分十三秒，在耕跑團中被暱稱為「珊珊」(33)的可人兒。第一眼看到珊珊會覺得不太好親近，屬於「高冷系美女」，但實際相處過後，會發覺她熱情如火，在馬拉松的賽場上常常聽到珊珊的尖叫聲。

她的熱情在擔任配速員時也充分發揮，和她一起衝線的跑友，沿途只記得她的說話聲和笑聲。珊珊也說曾經在終點幫大家錄影進場情形，結果太感動了，錄到的全是她興奮呼喊跑者名字的聲音，她覺得相當抱歉。

巨人國裡的侏儒　跑步的絕緣體

在珊珊的人生計畫裡，運動向來不是清單之一。她形容自己像生長在巨人國裡的侏儒，上有一八〇公分的姊姊，下有一九〇公分的弟弟，都是運動健將，全是學校的校隊選手，唯獨珊珊例外。和他們相比，一六七公分的她完全就是軍犬與吉娃娃交手的概念。

珊珊小學時的跑步排名是全班三十五人中的第三十一名，是班際大隊接力中最熱血的「候補一號」；國中考上音樂班後，更是被全校捧在手掌心呵護的溫室嬌花，任何體育項目只要有傷及雙手的可能性通通被禁止。老師時時刻刻都在保護著這群在司令台上躲太陽的公主，不喜歡運動是氛圍，也是常態，長時間關在琴房裡和音符擁抱的世界，才是珊珊的築夢平台。

學生邀約當跑步隊長　為了面子只好硬起來

研究所畢業後從事教學工作，珊珊的學生從五歲到八十三歲都有。有一次，台大「門外社」的神達社長（珊珊的學生）詢問她：「三公里的校園馬拉松可以請老師當隊長嗎？」

根本沒在運動的珊珊礙於情面勉強答應了神達社長三顧茅廬的邀請，嘴上笑著答應，心裡哭著焦慮！從賽前一晚臨時抱佛腳，三公里二十二分鐘的練習跑，到腎上腺素飆升的三公里十八分鐘完賽，珊珊發現，跑步好像沒這麼難，帶來的是快樂，以及和團隊一起拍照交流的熱情！

接著在一次演出後的慶功春酒中，神達鍥而不捨地追問：「這週末要不要和我們一起去烏來練三十公里？」這對珊珊來說是什麼數字？但初生之犢不畏虎，最長只跑過五公里的珊珊，在神達的指導下，嘗試了在兩百公尺甜甜圈內完食十公里，就這麼傻呼呼地上山完訓。

三十公里的長距離訓練讓珊珊意識到：「一個人可以跑很快，一群人可以跑很久。」之後她跟著台大EMBA的戈壁團隊扎實訓練，操場、沙灘、山路，咬著前人的屁股和步伐，意想不到的能量遠遠超乎她自己的想像。

在一次訓練中，她印象深刻地記得在跑到十三公里時，遇上準備折返的台大EMBA小飛俠院長，院長對珊珊說：「今天妳的每一步，都是PB。」珊珊聽了大為興奮，覺得自己好像是阿姆斯壯首次登上月球，那份新鮮感和榮耀帶著她完成訓練！

沒有不可能，只有要不要
你的能量，超乎你的想像

二〇一六年三月十三日，珊珊完成了人生初馬「貢寮馬拉松」，賽後她寫下了：「Yes I do, Marathon!」四二・一九五公里的距離，用她的雙腳跑了五萬多步，那份心中的感動可想而知。而她的手也沒閒著，拍了五千多張照片，跑步才四・五小時，整理照片卻要近五小時！

珊珊拿著手機和賽道相遇的跑友自拍，對著路上的大砲攝影師微笑比讚，她笑說：「相機就是我的能量膠。」但她也意外發覺，自己雖然肌耐力不足，但因好勝心和長年的舞台訓練，不想讓自己美美的形象崩壞，看到鏡頭硬擠出的燦爛微笑，消弭了不少跑馬的疲憊，也得到了意想不到的力量。

進終點一定要自信漂亮，是從開始跑步以來就秉持的信念。

回家後收到的美照，更讓珊珊忘卻了賽道上的疲憊。她承認自己「腦波弱」，賽道上拚搏的記憶全都隱身在美照後面了，只留下美好的回憶。常常有人在賽道終點看到珊珊進站時都會驚訝地說：「妳竟然跑完了？不是都在拍照嗎？」

一年只跑一場目標賽事，全力以赴，每一場都破PB。

二〇一六年底，珊珊又在友人的盛情邀約下，報名了「台北馬拉松」，只因大家都灌她迷湯，說海拔差六百公尺的「貢寮馬拉松」都可以順利四小時二十八分完賽，台北馬 SUB4 沒問題的！殊不知，傻傻報名的珊珊，拚死拚活以月跑量五十公里的實力站上起跑線，也幸運地拿到四小時零四分的佳績，凸顯了她在跑步的路上是個可造之才。

她記得「台北馬拉松」由神達社長陪跑，八公里後就一路催趕，深怕無法帶珊珊達標。珊珊一直問神達社長：「什麼時候可以進站喝水？」神達社長回說：「跑PB的人是沒有在休息的」。這次沒有如願達標 SUB4，但也相去不遠，珊珊沒有失望，也沒有落寞，雙腳的疲憊和全身的痠痛讓她不禁想著：到底什麼是馬拉松？到底為什麼要跑馬？跑步開心嗎？還要繼續跑下去嗎？

這些問題很快就有了答案，之後的每一年，珊珊都只報名一場全馬，穩定地吃課表練習，持續地從二〇一六年「貢寮馬拉松」的四小時二十八分、「台北馬拉松」的四小時零四分，到二〇一七年「台北馬拉松」的三小時五十五分、二〇一八年「台北馬拉松」的三小時三十八分、二〇一九年「台北馬拉松」的三小時二十八分、二〇二三年「澳洲黃金海岸馬拉松」的三小時二十分，最終在二〇二三年「台北馬拉松」以三小時零九分五十四秒，刷新個人最佳成績，並躋身女子百傑第八十五傑。

澳洲黃金馬揮旗圓夢　台北馬再登高峰

二〇二三年七月二日「澳洲黃金海岸馬拉松」，是珊珊最榮耀又興奮的日子。終點前三百公尺，已跑到疲憊不堪的雙腿、空洞無神又渙散的雙眼、忐忑不安的心情，她把眼神拉到最遠的視線，極力尋找僑胞的身影。終於，在兩側夾道歡呼的茫茫人群裡、青天白日滿地紅的國旗映在眼前，珊珊喜極而泣的淚水與汗水已爬滿臉頰。她顫抖地舉起了雙臂，抑制著自己想要暴衝的步伐，不斷告訴自己要美美地華麗進場，「千萬不能跌倒，拜託不要抽筋，大砲相機來了，終點就要到了，夢想成真了！」跑出PB並在終點前舉旗，讓她當晚做夢都在微笑。

「澳洲黃金海岸馬拉松」整趟四二．一九五公里的旅程，即使是最後的四十二公尺，珊珊都持續對自己喊話，因為這一路走來實在太幸福了，她想要好好感受這一切。訓練過程的痛苦、狂喜、難過、振奮，每一刻的感受都想要細細品味，這是屬於珊珊自己的馬拉松樂章。

二〇二三年底，有了黃金馬的奠基，回台後扎實訓練四個月，再次回到熟悉的「台北馬」跑道上，珊珊又破PB，跑進台灣女子馬拉松歷代百傑第八十五位。

「做很多事都可以得到成就感，跟著樂團演奏、把學生教好，拉出一曲動人的旋律亦是，下定決心跑好一場馬拉松更是。」

珊珊要感謝的人實在太多了，原來，要成就一件美事，不是自己努力就能達成，好像是老天、是上帝、是全世界的同意下，才成就了珊珊，賦予「心想事成」的一切所需。對於天時地利人和，珊珊衷心感謝珍惜。

從小沒有運動細胞的珊珊，透過跑步感受運動帶給她前進的力量，並愛上因跑步帶來的改變與信仰。在忙碌的生活中擠出睡眠時間操練身體，同時也修練心靈，「Even miracles take a little time.」（就算是奇蹟也需要一點時間。）

第一場海外馬獻給二〇二三年澳洲黃金海岸馬拉松，高舉國旗飄揚進終點，一圓夢想。

馬拉松之淚　感動、興奮、尖叫，看見生命的力量

二〇二〇年渣打馬拉松，是珊珊第一次站在大佳河濱終點等朋友、第一次淚灑馬拉松會場、第一次體驗前所未有的百感交集。

珊珊站在音樂喧囂、人潮鼎沸的拱門前，拿起手機、睜大眼睛盯著前方，深怕漏掉任何一個認識的身影，一看到認識的朋友就興奮地又叫又跳，一看到熟悉的耕跑衣就大喊：「耕跑團加油！」同時也注意大會計時，疾聲鼓舞著不認識的朋友：「還有三一〇！撐住喔！」「恭喜三二〇！」「三三〇還有三十秒！衝啊！」身為跑者，珊珊懂他們都經歷了些什麼，衷心佩服，也好像身歷其境跑了全馬般，因為過去承接了多少無名路人的掌聲，今日能夠替他人打氣歡呼，熊熊燃起自己生命的力量與感動。

過去奔馳在賽道上，只能獨自感受內心的澎湃與潮起潮落，這天頂著十二度寒流，卻熱血沸騰地用眼睛品味「馬拉松如人生」的風景：有人輕鬆愜意、有人齜牙咧嘴、有人痛苦皺眉，跛腳掙扎進站者、明明速度SUB三二〇但緩緩跑進終點的神情落寞者，以及最令人佩服的視障朋友。

那是珊珊第一次看到視障朋友和陪跑員入站，跑了漫長的四二．一九五公里，一路只能用聽覺飽覽賽道，一路的疲憊都只能在黑暗中自我療癒，卻在進終點前好像看到光明般，那份發自內心的感動和喜悅笑容，讓珊珊不禁落下眼淚。

她突然懂得了馬拉松的魅力！那些平常感受不到的細微情緒和表情，以及克服生理極限的巔峰時刻、人生百態，彷彿站在終點讀了一本好書。馬拉松教會珊珊在終點前的一切有如浮雲，腳踏實地進站才是泰然自若的境界。

追求PB是一種生活態度　放鬆心情、保持彈性，才能緊抱夢想

曾在二〇一七、二〇一八年馬拉松賽，陪珊珊華麗進站的路飛哥，總在終點前的撞牆期給珊珊滿滿的心靈雞湯：

「最後關頭要撐住！不要慢，不然妳回去一定會後悔的！」

「所有的痛苦都是假象，不是真的！」

「要去享受現在這種痛苦的感覺，很少有這種機會！」

也因為這些前輩的話，珊珊理解跑馬的情緒更迭，「痛苦會過去，PB會留下。」跑馬過程中看到每一張痛苦抽筋受傷的臉孔，每一步奮力向前邁進的腳步，每一次或憐憫、或羨慕的眼神，每一抹加油打氣揮手的身影，每一口幾乎費盡千辛萬苦才能呼吸的氣息，每一分每一秒不能浪費、不能休息的旅程，

這些對珊珊來說「好痛苦也好享受，好折磨也好感恩」。

一位中國上海長江商學院的饒南教練（PB二四六）也曾對珊珊說：「專注的賽事，是不知道賽道長什麼樣子的！」「一個眼神都是浪費。」珊珊當時聽了滿臉慚愧，跑步不就是為了抓住神攝手的鏡頭嗎？但因著這句話，珊珊開始學習全心投入目標。無論是進入夢想的職業樂團，抑或是追求馬拉松最佳成績，即便遇上三年嚴峻的疫情來襲，珊珊也告訴自己：「放棄是最容易的事！」

如果PB是一個圓，珊珊努力透過「點線面」編織夢想，在工作、教學、演出間平衡，維持固定、有品質的練跑生活，並在音符和數字間得到轉移、喘息與對話。

跑馬和音樂一體兩面　講究技術、熱情和毅力

已有數不盡的週末清晨，珊珊伴著月色出門。前晚十點才結束的音樂會演出工作、只睡四小時的身體，卻要完成二十五公里的LD訓練，再回家從事八小時的教學工作。生理極度疲憊，但心靈豐足。珊珊知道這是她想要的、喜歡的，也是她想追求的。在忙碌的生活裡擠出時間訓練很辛苦，但一步一腳印的踏實感、成就感，讓珊珊對生命有更深層的啟發，也讓生活的忙碌更有意義。

有件事讓珊珊印象深刻，有一次她請腿長一二〇公分的之愷哥陪跑高強度間歇，看他臉不紅氣不喘，便向他請益祕訣：「您怎麼跑得這麼輕鬆？」之愷哥帶著一抹微笑回答：「只要心情輕鬆，每張課表都是輕鬆跑。」替珊珊開了三年跑步課表的表哥教練也時常提醒她：「速度愈快，愈要記得放鬆。」肌肉和心情都如橡皮筋般，唯保有伸縮彈性，才能緊緊捆綁住奔馳的夢想。

音樂和運動，看似一動一靜，有著天壤之別，珊珊卻覺得「不斷自我對話，超越並挑戰自己」都是核心本質。音樂演奏和跑馬門檻相同，都以「技術」為先。一旦缺乏精準的音準節奏控制，不論有再豐沛的情感，也無法完成動人樂音；跑馬需要長時間訓練，肌耐力不足、配速不當、補給失調，最後都很難完成賽事。

令人感動的演奏需要對音樂的「熱情」，主觀詮釋造就演奏的多樣風貌，讓相同的樂章擁有全然不同的解讀；跑馬則需要「毅力」，靠一股強勁的韌性堅持不懈。肌肉再發達，不想跑就跑不完；音樂性再強烈，沒有音準節奏就是不能聽。

無論是舞台上的演出、與人分享音樂的熱情與喜悅，或是賽道上的奔馳、體驗極限競速的快感，「上場即是贏家，完賽就是英雄。」不與人爭，只跑自己的路，傾聽自己的聲音。

戲棚下站久了就是你的跑步累積更多夢想拼圖

花六年考樂團的淬鍊，是珊珊人生最低谷、最揮汗、最沉靜的時候，音樂家是五指運用的小肌肉運動員，每天有必吃的基本功要維持，「不進則退」是和年齡、生理機能最大的對抗。面對陪榜的挫折、考前焦慮、應戰實況，即便是從小站在舞台上長大的珊珊，強大的心理素質依舊不可或缺，因太過在意而失常，因太過謹慎而無法發揮極致，珊珊總是自我鼓勵、不斷喊話：

「要比昨天的自己更好！」

「成功是留給堅持到最後的人！」

參加二〇二四年波士頓馬拉松，照片獲大會精選，寄給全世界跑者。

「憑什麼是你考上？只有零和一，切勿鬆懈！」

過程比結果更重要，珊珊一直告訴自己，無論結果如何？唯有享受過程，也堅信這段路不會白走，生命會以別種方式呈現這些養分。

在練琴備戰的過程裡，跑步給了珊珊很大的力量。每天八小時以上刻意、重複、小範圍的練習，透過二十分鐘漫無目的在河濱慢跑，甜甜的風、淡淡的雲、油亮亮的草，即便為求效率，珊珊耳裡還是聽著節拍器、腦中依舊背著樂譜，但雙腳踏著自由的節奏、肌肉不自覺放鬆、流汗後的快樂，以及重新開機的專注，總讓珊珊有意想不到的驚喜和新發現，好像剛剛吸進的空氣都是靈感、剛剛踩踏的步伐都在發電、剛剛看到的風景都是美好旋律。

上場即是贏家，完賽就是英雄。——郭珊如

與傷共存，一年專注一場賽事

——王嘉昇

一向追求完美的Jon——王嘉昇，在台大ＥＭＢＡ戈壁賽時的花名又叫強戈或強哥（也是耕跑團的名號）。他長年在外商電腦公司工作，目前是ＨＰＥ（慧與科技）董事長。強戈認為ＩＴ領域最大特色就是難以預測及快速變動，人類對未來的想定，通常也會把ＩＴ擺在第一位，所以「科幻片」總是在電影的熱銷排行榜，就是眾人對未來的一種寄託與想望，強戈熱愛他的工作，面對科技領軍的未來，也讓他永遠保持學習的熱情。

對其他人而言，強戈是人生勝利組，但他一路走來卻是曲折而蜿蜒的。二十歲大學期間毅然從「環工」轉向「商學」，四年狂修近一百八十個學分，其中三分之一是商學院的課程；二十四歲克服萬難，母親標會籌錢供他出國念企管；二十七歲拿到企管碩士，居然放棄美國矽谷，回台灣找工作，在台灣優利系統（Unysis）一做就是十九年，一路做到總經理；四十六歲轉換跑道出任台灣惠普董事長一職，此舉當時被大家認為是「跳火坑」，連他太太都認為不該蹚這個渾水，但他一一克服各種難關，一步一步把公司拉向高峰。在他的字典裡，沒有困難的事。只要下定決心，心中的目標大了，困難就相對小了。「完美」二字對他而言，就是一生追求的目標與鐵律。

強戈從小就喜歡運動，只要球是圓的，他都打得不錯，舉凡棒球、桌球、籃球、足球、網球及高爾夫球他都愛。上班以後，因為應酬，常常打高爾夫球。他追求完美，方方面面的完美，然而球類運動很多都是管理失誤及失敗的心理磨練。強戈是個超級棒球迷，從小就愛打棒球。他表示，一位三成打擊率的強打者，必須忍受七成的失敗機率。高爾夫球失誤得愈少，handicap 就愈低（handicap 又叫「差點」：是用來量度業餘高爾夫球手潛在能力的數值，數值愈低表示球手的能力愈高）。強戈覺得球類運動要打得「完美」不容易，而且高爾夫球需要一群 handicap 相近的朋友才有樂趣，相對就會比較複雜一些。

「Born to run」開啟跑步生命力　跟著大家一起帥

強戈一直很喜歡放空及想像，不喜歡拘束及教條，自由自在，喜歡嘗試新鮮事物，所以也喜歡旅行、文學、音樂及運動。家人一半從事金融業，一半從事ＩＴ。兩個兒子，一個在美國，一個在台灣。強戈很喜歡跟家人一起旅行，一起走過全球六大洲（除了南極沒去過），是超級有色彩的人生旅行經驗。

一次搭飛機到美國的航程上，強戈讀了一本書《天生就會跑》（*Born to run*），是講述一個原始部落赤腳跑步的人贏得比賽冠軍的故事，主角開心獨特、與世無爭的性格，深深吸引著強戈，幾乎整個旅程都在讀這本精彩的書。

一個偶然的機會，一位台大ＥＭＢＡ同學帶他去師大附中參加「台大波馬週末班」跑團訓練。他當時看到女超人帥氣地跑步，心裡就想著也要這樣帥。無奈當時七十四公斤的身材，跑不快也帥不起來。

當時強戈就很納悶，為何一樣的步頻，還是跟不上李吉仁教授及輕如燕學長，每次跑四百公尺以後就開始落後。強戈無法接受自己跟不上這件事，也因此開始踏上「完美」的跑步之路。

二〇二二全國EMBA馬拉松接力賽，跑第八棒，逆轉對手，台大團隊士氣大振。

自己的速度自己配
馬拉松SUB3、「六大馬」手到擒來

強戈開始每天一早四點半至五點半之間起床，練習十至十五公里路跑，除了週一、週五休息，從不間斷。他並沒有規律地參加跑團訓練，第一個原因是自己經常要出國出差，很難配合跑團週期規律的訓練；第二個原因是他認為每個人速度都不一樣，唯有自己最知道自己的速度。因此在馬拉松賽場上，他通常都自己跑，不找人破風配速，會跟著差不多速度的人跑。他認為過分的跑步紀律反而容易受傷，他研讀很多跑步的原文書，也上網研究跑步的細

節，包含技巧跟方法，再自己修改跑步課表，或者跟朋友一起跑，發現這樣的策略反而讓他可以每個賽季都進步。

強戈對於間歇、超間歇、節奏跑（Tempo Run）這種「質量訓練」反而不太建議，他認為年輕人可能比較適合，但對於年紀稍長的朋友來說，以輕鬆跑（Easy Run）的方式比較容易達成目標。他指出一個「跑量」與「跑速」的比例關係，好比你每月跑量三百公里，均速是五分速，那全馬就可能 SUB3；如果每月跑量一百公里，均速需四分速才有可能 SUB3。所以強戈覺得跑量在兩百五十至三百公里，是比較不會造成運動傷害的方式。

跑步以後，強戈不強調跑幾個馬，反而喜歡訓練的累積。他覺得跑步很少會讓人失望，付出多少就會獲得多少，而且體會出人生到了一個層級以後，才會發現努力不見得會有結果，只有跑步不會令人失望。

強戈通常一年只會專注一場馬拉松，其他都是自我訓練輕鬆跑或是享受比賽。他的初馬是「新竹馬拉松」，他記得是跟兩位學長一起跑。那時候的他沒有經驗，只能尾隨，不敢超越，過了二十一公里，感覺好像還可以，就逐漸加速，等過了三十公里以後就開始衝出去了。初馬就 SUB4，跑出了三小時五十五分，對剛接觸馬拉松的人來說，是相當好的成績。

說到跑步的激動時刻，強戈興奮地表示，這些經驗都在全馬的後半馬。當自己跨過撞牆期，可以盡情享受後面的五至十公里，也就是全馬最後的四分之一，確定自己沒問題，他就會盡情奔跑。那個時刻，是最能享受完全燃燒奔放的「runner high moment」（跑者高光時刻）。

強戈第一次參加二〇一九年台北馬跑出三小時二十六分，第二次二〇二〇年台北馬三小時十五分，第三次二〇二一年台北馬三小時零三分，第四次二〇二二年台北馬 SUB3，以兩小時五十九分完成，但他因為中途手套掉了，回頭撿手套，嚴格來說，強戈應該可以比兩小時五十九分更快。以強戈的跑齡五年左右來說，這種成績真的能以「突飛猛進」來形容。

他目前已完成五大馬，平均完賽時間是三小時十九分，預計二〇二四年倫敦馬後就完成「六大馬」甜甜圈的人生任務。

「六大馬」在他心目中排名第一是「紐約馬」。全球娛樂、文化及商業最豐富的大蘋果，封城讓你跑完紐約五個區（borough），終點就在濃濃秋意又浪漫的中央公園，最後還讓你登上《紐約時報》，光是想到這裡，他的興奮都寫在臉上，「Sound pretty good!」

二〇二一年台北馬拉松第一次嘗試破三，最後以三小時零三分完賽，隔年挑戰成功。

但強戈對於馬拉松的聖殿——二〇二三年「波士頓馬拉松」——卻是記憶相當深刻，痛苦指數高達八到九。當時他已SUB3，心情比較鬆懈，原以為可以輕鬆完賽，殊不知到了二十五公里之後，又一路上坡，這也是他第一次對馬拉松感到厭惡，雖有衛斯理「尖叫隧道」(the Scream Tunnel)，他依然覺得這是他生平最痛苦的一次馬拉松。

面對傷痛正面以待　「與傷共存」是老董的堅持

當然強戈也不是金剛不壞之身，幾乎所有跑步的傷都受過了，舉凡肌肉拉傷、腳踝扭傷、跑者膝、水泡、髂脛束症候群（ITBS）等，他統統嘗過。他的腳因年輕時的舊疾未好好治療，跑步有先天上的不平衡，雙腳勾起時，腳掌無法兩腳平衡，相差十度以上，所以他踩在地面上的力量不平均，長時間就會形成肌肉代償，也容易造成傷痛。但他還是用了很多方法來克服這個問題，比如盡量不要跑石頭路、練習時盡量跑比較軟又平坦的路面，再穿比較厚底的鞋子來保護雙腳。

他記得在台大ＥＭＢＡ「戈壁挑戰賽」決選第三天的時候，有次從橋上跑下來扭到腳，痛得要命，但還是把二十一公里跑完，跑到腳都腫起來了。還有一次他去泰國出差，當時他的髖關節受傷不能跑步，他急著找中醫針灸，之後在旅館裡一直泡熱水，結果泡到發炎，痛得連路都無法走。去美國探望兒子時，到紐約「中央公園」晨跑，因上坡想跟自行車軋車，結果肌肉拉傷，整個賽季報銷。

即便經常受傷，他也不讓自己停下來。依他的經驗，大腿拉傷要休一個月，小腿拉傷要休兩週，但他會做一些其他輔助運動，比如核心訓練或是超慢跑，讓自己保持在一個體能之上。他現在會嘗試跟傷勢相處，不要太心急，但不會停下來。

他的理論是，如果在運動過程中不會感到痛，其實是可以接受的。因為，現代醫學跟以前不一樣了，「動起來」也是一種修復。前提是不能跑到有實質的骨裂或肌肉傷害這類會愈跑愈糟的狀況。與傷共存，是他目前的跑步心法之一。

「馬拉松董事長」專注力十足　員工大呼難應付

強戈的專注力非常強，他不會一心多用，他只專心做一件事，然後把這件事情做到最好。好比「跑步」這件事，他就只專注這個運動，不會再去參加其他種類的運動比賽。他連騎車都避免，就是怕萬一摔傷，影響自己的訓練計畫，這從他「一年一個馬拉松」的目標也可以看出來。他一旦設定了目標，就會督促自己全心全意達成，沒有絲毫可以折讓的空間。

強戈到國外出差，行李箱也都要帶一雙跑鞋，讓他可以利用早上起床的時光跑跑步。這種「專注」也反映在他的工作上，凡是他年度所訂定的目標，幾乎都會達成。員工都知道，董事長「說到做到」的決心，是沒得商量的，只能像「過河卒子，拚命向前」。

強戈本人從外表上看起來是十分年輕的，和實際年齡幾乎無法畫上等號。這和他喜歡和年輕人在一起有關，可能因為這樣讓心態更年輕，從事ＡＩ產業才能有更多的新觀念。不光是在心態上，在跑步訓練上，強戈也不會把年紀當成是一個阻礙。當跳脫了「年齡」框架，才能有更多的選項，或許這也是他屢屢突破自己最佳成績的寫照。

現在強戈也希望利用運動把員工凝聚在一起，所以爬玉山是跟同事去的，環島也是跟同事去的，泳渡日月潭依然是跟同事一起去的。他也感謝員工認同這種企業文化，發揮大

公司二〇二四年會，宣誓要重回亞太區年度最佳country of the year。

家的力量達成目標。只有大家把事情做好，他才有時間可以享受馬拉松的樂趣。

目前強戈練跑沒有太多目標，一場疫情打破了很多事，包含BQ、破三，都是疫情的附加收穫，恢復正常以後，才覺得該感恩當時封閉的生活方式。現在常常出差，今年又要負責香港的業務，很難有目標。

簡單的跑步，純然的幸福　盼全家都能一起跑

對強戈而言，跑步最大的成就感就是多了很多健康又陽光的照片，讓自己變得開心，也交了很多好朋友，而且跑步是跟自己比，隨著年紀漸長，目標比較可以隨意變動，也沒有太多壓力。

現在強戈最大的希望就是能夠帶著太太一起跑，這樣只要他去美國探望兒子，就可以和太太、兒子一起享受「中央公園」的美景，浪漫的秋紅與春暖。

在台灣，強戈很推薦「木柵貓空」這個路線，因為補給很方便，風景也比較好，比較不會無聊；缺點就是離市區稍微遠一點，路線有上下坡，起點和終點都在同一個地方。「寶藏巖」河濱則太多人，經常會有人車爭道的小車禍發生。

強戈喜歡的運動項目很多，但後來只剩下最喜歡的跑步，最主要原因是「效率」，運動完回家後，家人還在睡覺，工作還沒開始，可以充分享受自己的時間及空間，也不會耽誤家裡及工作的事。當然，喜歡跑步還有很多原因，好比：健康、享受奔放、獨處放空、跑出自信希望夢想及釋放快樂多巴胺等。

強戈認為，跑步就是練習簡單的人生，追求簡單的生活。簡單的事才能持續、才能擁有，愈成熟就會愈喜歡簡單的東西。跑步是醒來就可以一個人做的事，下了班，河濱想跑就跑。對強戈來說，在日趨複雜的人際關係及變動的大環境下，能擁有一個自己的空間，實在太美好了。

二〇二三年擔任台大戈友會長，帶領團隊重新取得全國EMBA馬拉松賽事冠軍，並拿下所有賽事冠軍，再次大滿貫。

願景放大，障礙變小。

——王嘉昇

為自己幹點大事，挑戰BQ不認輸

——王翊菲

「現在不努力跑，老了拿什麼對兒子說曾經……」王翊菲激動地說著，有一半滿人血統的她，長得就像是古裝劇「格格」的現代版，於是她跑戈壁時的花名就取做「格格」。

「說到跑步的起心動念應該就是戈壁了，沒有戈壁的開始，就不會有現在的我。」她回憶起走上戈壁之路，是因為聽了台大EMBA郭瑞祥老師的戈壁管理學，感動到非去不可。一群人喝完酒、誇下海口說要「一起出發，一起到達」，但戈壁之路非同小可，腿力和跑力是不可或缺的兩大要素，於是大家相約要從跑步開始練起。怎知開訓當天，說好要一起的同學都不見了，只有她一個人到場。她想著要進不是，要退也不是，索性既來之則安之，就這樣開啟了她的跑步人生。

戈13回來後，她覺得人生總要為自己幹點大事，老了以後才有東西說嘴，於是積極訓練吃課表，努力爭取戈14A隊。

格格還記得，有一次颱風天，她問了教練：「天氣這樣，今天要跑嗎？」教練冷冷地回她：「沒什麼雨啊！妳不知道跑者是防水的嗎？」格格只好摸摸鼻子出門跑步。晚上八點以後，河濱就沒人

河濱平日練跑。

了，加上那天是颱風天，人煙更加稀少，但格格總感覺有人跟著。她心想，別自己嚇自己，應該是自己的腳步聲作祟。她不斷安慰自己，「前面就是成美橋了」，一到那裡就折返，但一直覺得有影子在那飄啊飄的，嚇得魂都快飛了，只好立刻回頭狂奔回家，現在想起來餘悸猶存。

活到老學到老
毅然轉職只為活出自己

或許是因為一個感動，又或者是想為自己幹點大事，總之就是跟著心走！格格年輕時不愛運動不喜歡晒太陽，又常常工作到半夜。仗著青春，有什麼不可以，殊不知身體年齡已經來到了五十歲。

人家說「活到老，學到老」，格格在二〇一六年考上台大ＥＭＢＡ後，發現人生除

二〇一九年擔任第十三屆台大ＥＭＢＡ門外社社長。

了工作，其實還有很多事情可以做，於是毅然決然地離開工作了二十年的電視台。

現在的格格，認真地學習生活、做自己想做的事。跑步、健身、看書、學英文，成了目前生活中最重要的事。尤其跑完步回家照鏡子的時候，那身體真真實實的反饋，都會讓自己微微一笑。

「跑步讓我有能力愛自己，更有餘力愛別人」

格格回想起二〇一七年時，因長時間以不正常方式減肥，導致更年期症候群提早來報到。症狀來的時候非常難受，焦慮、緊張、不安、惶恐、易怒、沮喪、熱潮紅等等，有時上課上到一半淚流滿面，晚上無法入睡，體溫可以秒燒到三十八度以上，整個負面情緒大爆炸。她知道必須面對問題，於是聽了醫生建議，除了吃藥，更重要的是運動。

當時剛好是她第一次參加完戈壁挑戰賽，對跑步也算是有初階的認識，於是她開始跟著學長姊一起跑步。很奇妙的是，每跑完一次，都可以感受到身體在跟你對話，慢慢地，整個更年期症候群狀況都好轉了。格格表示：「唯有將自己照顧好，才能照顧好你所愛的人。」

除了健康的身體，跑步也改變了她很多想法。過去她常常浪費一些時間在不必要的懊悔上，也常常

參加二〇二一年台北超級馬拉松接力組。

煩惱對於未來的幻想跟憂慮。現在的格格，可以積極認真、全心全力去做每一件想做的事情，以實際行動完成自己的夢想。唯有前進，才能抵達終點！這和跑步的道理一模一樣，按部就班，才能把事情做好。

難忘的金門馬
波折不斷，但處處驚奇

回想起來，讓格格最難忘的應該就是二〇二三年金門馬了。他們一行人提前一天飛抵金門，很認真地先去金門大橋探勘，「我的老天鵝啊！那連綿彎曲遙遙無盡的坡，這馬要怎麼跑啊！」

由於這次是快閃行程，跑完就要趕飛機回去，大家開始計畫隔天要怎麼跑，「我心裡嘀咕著，到底是誰說要來這BQ的？不是說好我是啦啦隊，在終點等大家嗎？」

格格愁思枯想，最終破釜沉舟，反正計畫永遠趕不上變化，既然事實已成，大家就好好參觀這美麗的島嶼，感受一下戰地風情，順便看看比賽的路線。

第二天，他們按照計畫分三小隊出發，起跑後一切都還算穩定，前面折返後大約七．五公里時，身體已經暖開了，咦？怎麼有位大叔一路跟在格格旁邊跑，起初沒有太在意，但他愈跑愈快，格格快被拉爆了，還好學長在旁邊提醒慢一點。

不久，大魔王金門大橋就在前方，格格低著頭調整呼吸，縮小步伐、不疾不徐地跑，前面的小姊姊、大叔們，「借過一下喔！」格格覺得好像沒那麼難，竟然可以刷過一些人，想著想著，心裡在偷笑。下了金門大橋後，格格內心無比歡喜，真的是「爽翻了」！

人家說，虛心使人進步，驕傲使人落後，真正的噩夢才開始。格格天真地以為過了金門大橋就前途似錦，沒想到卻是日暮途窮。人家是柳暗花明又一村，而她的小金門是一坡未平一坡又起，上坡上不去，下坡不敢跑，這真的是尷尬啊！但是探勘那天沒有這些坡啊？事後才知道，原來她們中間轉錯彎了，不得不令人發笑。

回到終點才知道，原來大家右轉後看到這些坡也都崩潰了，原來不是只有格格一人傻眼崩潰。這次之後，讓格格深深體悟，能和三五好友一起跑馬，一起計畫隊形，一起出發，雖然過程出乎意料，但這也是讓她最難忘的一次馬場經驗。

那段上武嶺奔跑的日子　從暈眩想吐到頭腦清晰

所有馬拉松跑者心目中的最高殿堂，應該就是有百年歷史的波馬了，格格也不例外。疫情前，夥伴一起許下目標，希望二〇二四年能夠一起去波馬。這種感覺真的很好，雖然大家速度不一樣，但目標一致，練習的日子裡互相激勵，偶爾想偷懶也會不好意思。

但規律的訓練對格格來說真的是很難，因家裡因素，每三個月格格就必須中斷練習三至四週，再度回到操場上又打回原形，那種心境相當難受。

不過還是要拚ＢＱ，從二〇二二年的台北馬到二〇二三年的首爾馬，這兩場是格格的目標賽事，很可惜都沒達標。

就在她很懊惱時，忽然看到群組裡有人傳訊息說女超人學姊ＢＱＡ了，而且是一個很好跑的下坡馬，格格眼睛一亮，人生又充滿希望。她立刻跟女超人學姊連繫，但通完電話才知道，跑下坡並不比平路容易，下坡的每一步都是對膝蓋更多的重量負荷，尤其前段會因為下坡不知不覺跑很快，但後段很容易就會爆掉，而且還有高山空氣稀薄、溫度問題、身體適應問題。

聽學姊分享完，格格又從光明跌入黑暗，難道真的要再等五年用年紀換BQ？這個問題讓格格一夜未眠。

「弱者選擇逃避，強者選擇面對。」格格不想等到自己非常厲害才開始行動，那可能會遙遙無期。她心想，不管目標多大、多難，只要試著去拆解，都會變成一個一個具體可以實現的小目標。

於是格格開始收集資料，確定二〇二三年六月還有一場賽事「REVEL Rockies」，在美國的丹佛，也是一個下坡馬，但海拔一〇五一〇英尺，山上溫度大約零度左右，確實不容易。正當格格思考該如何自我訓練時，腦海中忽然閃過武嶺，武嶺的海拔是三二七五公尺，兩者換算高度差不多，當時四月山上的溫度也夠低，這真是一個完美的複製賽道。

距離賽事還有八週的訓練時間，格格與教練討論後，認為以她現在的能力，密集訓練應該是有機會的，於是四月十八日第一次上武嶺移地訓練。一早格格與教練搭六點半第一班高鐵到台中烏日，再換乘保母車，車程兩個小時，大約九點半到達武嶺。此時此刻，格格的心情好像初戀一樣，既興奮又怕受傷害，不知道跑起來會如何。

格格請司機每三至四公里要停下來確保安全，待格格通過後再往下一站開，一切就緒，格格吸了一口純氧，吃了一顆高山症的藥，跳下車開始起跑。起跑沒多久，症狀開始了，頭昏、暈眩、想吐，跑不到一公里就受不了停下來，一口大氣都喘不上來。她心想，難道這就是高山症嗎？休息一下再試試吧！大約跑了十二公里時，整個人都醒了，腦袋變得很清楚，也不想吐了。格格心想，這應該就是身體開始適應高山環境了，但是當天跑完後非常慘，連續三天鐵腿，感覺腿已和身體分家。

四月二十六日第二次上武嶺，這次訓練狀況比上次好多了，可以順利跑完二十公里，但還是鐵腿了兩天。就這樣，賽前的每週三，格格上武嶺訓練，週末則去聖人瀑布，坐車上去再一路往下跑，做「單向訓練」。中間遇到很多跑友完全看不懂格格在幹麼，怎麼剛剛看到格格跑下去，沒多久又看到格格再次跑下去，他們露出很不可思議的表情，格格自己也覺得好笑。

心中有目標、腳下有方向　前進波馬終圓夢

訓練的事情安排好之後，更大的問題來了。格格不太敢一個人出國，過去出國都是家人幫她打點一切，她只要跟著走就好，這次卻要自己獨立完成。事前準備工作模擬了很久，包括如何進海關、如何租車、如何到飯店等等。即使一切準備到位，格格還是忐忑不安。

很快地，比賽的日子到了，也順利抵達美國，這都要感謝格格的寶貝大兒子Kiefer。儘管格格做了萬全準備，兒子還是擔心她一個女生在美國人生地不熟很危險。雖說有帶一位教練陪同，但他們的英文能力加起來還是有限。Kiefer特地飛到丹佛來接格格，還留下來一路陪她到完賽，完全不在格格的計畫之內，就是一個大彩蛋，格格高興得眼淚都快飆出來。

六月三日那一天，格格依照大會指示到達上車地點，為讓自己盡快適應高山，一上車就立刻閉上眼睛休息，大約三十分鐘後抵達起跑點。此時外面的溫度零度，真的好冷，格格等了一個小時才起跑。洛磯山脈真的很美，格格在美麗的天際線起跑，群山重重疊疊，非常雄偉壯觀。沿途谷水潺潺、木落翩翩，還有著腳步聲迴盪在整座山谷裡。這條美麗的下坡公路一路從落磯山脈的森林和峽谷，接到科羅拉多州丹佛市的山麓。

格格陶醉在整個跑步的節奏裡，就在她沉浸其中時，大約三十五公里的地方，抬頭一看，遠方怎麼有個好長的上坡啊？她告訴自己：「不急不急。」前面跑得很好，有在時間範圍內，可以的，自己在內心喊話。但是過了一個接一個，一共三個長上坡加一個短上坡，這時候也顧不上優雅形象了，眼看速度掉了，教練快推啊，真的跑到臉都變歪了，很悲慘地完賽。

結束後，格格還發燒了一整天。可喜的是，達BQ了，這才是最重要的。賽後，格格悟出一個道理，永遠都要懷著一顆敬畏的心面對大自然，付出多少努力就得到多少回報，想要更好就要更努力。

公益溫暖人心　幫助他人也療癒自己

二〇二三年接下台大EMBA校友基金會祕書長一職，基金會的公益活動很多，其中，偏鄉理財教育的活動是她參與比較多的一個項目。

做公益說的容易，做起來實在不容易。要如何把資源帶進偏鄉，溝通變得很重要。學校會擔心增加行政費用、課程規畫是否能符合預期等。除此之外，所有細節都必須設想周到。她舉例，有次出隊去金門高中，還好之前有去跑過金門馬，知道這時間剛好是金門霧季，所有的行程規畫都必須多抓一天。果不其然，還真被她們遇上課程當天飛機停飛，如果沒有提前一天到達，整個活動就開天窗了！

很多人會說，做公益或慈善是在幫助別人，但格格自己覺得，在給予的同時，收穫最大的還是自己。每一次，組織了一個活動也好，組織了一場義賣或籌款也好，當把這些變成物資，分配到合適的地方，好比某間學校、某個孩子的營養午餐等等，當完成一個小小的目標，受益者回饋給她的感謝，會讓格格感到世界很溫暖、很感動。公益是雙向的，雖然看似是給予者，其實那些孩子也在治癒格格的靈魂。

每個階段都有挑戰　向前才能感受

格格覺得堅持跑步的理由是有階段性的，每個階段都有不一樣的目標。過去為了挑戰自己、證明自己，初期剛接觸跑步的時候，訓練過程非常痛苦，受傷、治療、復健、再訓練。常常想要放棄，但每次放棄前都會更想看看堅持後會變成什麼樣子，於是就繼續前進。

人家說，孩子是看著父母的背影長大的，跑步這件事，完美地讓格格樹立一個榜樣給兒子看。要成為什麼樣的自己，付出多少就有多少回報，想要更好，就要更努力！格格的兒子也真真切切地回饋給她，超乎她的想像。原本格格要常常嘮叨，現在不太需要叮嚀，一切變得很自律。格格以身教代替了碎碎唸，也得到了正面的

參加二〇二三年雙北城市馬拉松。

回響。

現在格格用跑步來愛自己，因為她非常愛她的兩個兒子，要跟他們一起成長，一起看世界，一起旅行學習新知，一起用熱情來擁抱人生，所以更要有健康的身體，才能與兒子共行。

跑步對於格格來說是別具意義的，她認為：只有跑了才能悟出，自在其中、自得其樂！跑步最終的目的不是快，而是快樂。

她的人生因跑步開始自律，因跑步而勇敢，因跑步而豁達。生活不是為了趕路，而是為了感受。認真地生活，不停地向上。跑步不是在與別人較量，而是在跟自己較勁。保持堅持的意念，永不放棄的精神。

現在不努力跑，
老了拿什麼對孩子說曾經。

——王翊菲

鏡頭魔術師，賽道神攝手

——李根旺

「馬拉松」賽事說歡樂也歡樂，朋友相約一同出賽，同樂同遊開心無比；說肅殺也肅殺，每每一鳴槍，菁英跑者衝出「爭搶第一」的態勢，真的有如戰場一般。

馬拉松跑者最喜悅的事，一是自己的PB向前推升，二是自己努力的身影出現在攝影師的鏡頭中。這位「總是在鏡頭後」的魔術師，正是「耕跑團」中人稱「仙輩哥」的李根旺。他有如高空盤旋的獵鷹，有雙銳利的眼，捕捉每位跑者最精彩的瞬間；也像戰場上的狙擊手，耐心等待每位跑者汗水直流後的一抹笑容。

他是掌鏡人，也是大家口中溫暖的神攝手——「仙輩哥」。每每在賽道上，都可見到他的身影，他的出現，會讓跑者更賣力、更有自信。每位跑者只要經過仙輩哥的鏡頭，哪怕已經跑得東倒西歪，那一秒鐘都要抬頭挺胸，把最傲人的跑姿、最美的笑容、最堅定的步伐呈現在賽道上，甚至常常有跑友說：「看到仙輩哥，一定要跳一下。」也有跑友在河濱跑步時，每週都換不同的跑衣及跑鞋，為的就是在仙輩哥的鏡頭裡留下更好的自己。

在二〇一四年以前，仙輩哥大都從事爬山活動，爬郊山及攀登百岳，「仙輩」的綽號也是山友取的，因為本名李根旺，旺字和「旺旺仙貝」相似，為了區別，將仙貝的「貝」改為「輩」，就成為「仙輩」。如今在賽道上或福和橋下的國手之道上，常常聽到「謝謝仙輩哥」幾個字，也是他為跑友服務的日常。

其實仙輩哥自己也是一位跑者，他曾從事汽車銷售將近二十年，克萊斯勒、賓士、VOLVO通通賣過。他以前任職汽車公司時的主管也喜歡運動，兩人感情好，運動爬山都在一起，直到集團不做汽車業，仙輩哥轉職到集團董事長家，負責私人事務，前主管則跳槽富邦人壽。二〇一四年，這位在富邦人壽工作的昔日好友，呼朋引伴揪大家參加富邦集團九公里路跑賽，開啟了仙輩哥的「馬拉松」奇幻之旅。

為了跑這九公里，住在北投的仙輩哥開始在北投國中兩百公尺一圈的操場練習，跑個三、五分鐘就跑不動，但因為不斷累積，配合下載「馬拉松世界」運動軟體協助跑步時計算時間里程，又有山友兼跑友的陪伴練習，加上與耕跑團結緣——他的老同事董芝美是耕跑團的總祕書——開始參加跑團每週四的間歇訓練和週日的福和橋LSD，讓仙輩哥初上跑道就有不錯的表現。

台北馬BQ擦身而過　不求速度為健康而跑

真正督促仙輩哥持續跑步的動力有三個最主要的原因。

一是雕塑體態：隨著年紀愈長，仙輩哥意識到身材走樣，看著圓滾滾的身型及「三高」上升，讓他尋求更激烈的運動方式減重與維持好身形；從練跑開始，仙輩哥從原來的八十五公斤，減到六十六公斤，成效卓著。

其二是團體感染力：團練彼此會比較，誰的跑姿輕而快速，誰的笑容美而華麗，在相互的彼此學習下，會產生強烈的感染力，為了要追上團隊的速度，進而督促自己跑得更快更遠。

三是不願被刷卡：跑者對自己都有一定的要求，不喜歡輸的感覺，被超車的當下，都會激勵自己加速。

二〇一七年，仙輩哥在年底的「台北馬」跑出四小時十六分八秒的個人全馬PB，之後就再也無法突破，這也是他最沉重的記憶。

那一場很好玩。仙輩哥跑到三公里時看到耕跑團的林詠晴老師，他跟在後面一直追著她的背影跑，因為她有一位配速員幫忙做前導，目的是要破BQ。仙輩哥怕她分心，也不敢幫她加油打氣，只是默默尾隨。到了半馬時，仙輩

運動前、後身形對照。

哥看看手錶，才花費一小時五十分，看來是很有希望破BQ；一直跑到二十六公里時，上河濱路段麥帥橋，再折返準備下橋，仙輩哥去上流動廁所，之後就一路掉速，再也回不去了。

大概跑了二十九馬後，二〇二〇年疫情爆發，仙輩哥跑完一月第一週的「廈門馬拉松」（二度參賽），便開始停止跑步，轉而為跑友拍照。

那一年，林義傑主辦「黑馬旗盃路跑賽」，仙輩哥幫忙拍照。當時他對跑馬相當熱衷，自己也想跑，賽事下午四點開始，他遂早上從北投跑到大佳河濱公園，先跑個半馬，再趕快搭捷運回北投，拿出照相器材，準備下午的賽事前置作業。

「黑馬旗盃路跑賽」後，仙輩哥深受足底筋膜炎所苦，右腳阿基里斯腱受傷，跑量驟減，在社子中醫診所接受劉建忠醫師治療，歷經四、五個月才好。也因受傷跑量少，逐漸偏重在拍照，體重增回七十五公斤。

受傷之前，仙輩哥都在追求速度，和跑團好友兩人一組，他負責配速，好友跟著一起跑。譬如要跑一個全馬，賽前要練半馬，就會鎖定配速每公里五分四十秒內就是破四，這是仙輩哥從最初就一直追求的速度。他們經常在福和橋河濱練跑，差不多三次的配速都能夠達到五分二十五秒至五分三十秒，感覺SUB4目標可以達成。但可能是年紀關係，肌耐力無法始終如一。之後他覺得自己年紀漸長，不再以追求速度為主要目的，改成每天慢跑一小時，配速約六分半，讓自己保持運動習慣。

鍾愛「海外馬」有跑有玩　快閃馬「one night in 北京」

仙輩哥跑過二十九場全馬，其實有一半是海外馬。他這麼喜歡跑海外馬，最大的因素是可以安排跑旅，每次海外馬都安排五天四夜，跑前一兩天玩，或跑後一兩天玩，再回台灣。二〇一五年、二〇一七年「上海馬拉松」跑兩次，都是和太太、子女同行，吃好住好，又家庭出遊，十分開心。

二〇一九年十月，仙輩哥和耕跑團長膽大、副團長倪帥等二十餘位耕好友，去美國跑「芝加哥馬拉松」。又隔一個半月，仙輩哥去跑「北京馬拉松」，因為公司週一不能請假，索性就週六早上搭長榮航空飛去北京，來回機票七、八千元，到了馬上領物資，逛逛紫禁城，晚上住四人上下鋪的三合院，隔天早上參加馬拉松，跑完下午四、五點，又搭機回台灣。他稱這是他的「one night in 北京」，外人看來根本就是一日快閃北京，行程相當緊湊，但仙輩哥當時瘋跑步而樂此不疲。

有名的「關東五馬」，仙輩哥就跑了三個馬，大阪馬跑兩次、神戶馬跑一次、京都馬跑一次，只有「姬路城馬拉松」和「奈良馬拉松」還沒去。二〇二〇年幸運抽到「東京馬」，因疫情延期到二〇二三年，但他當時身體出了狀況，未能成行，最後選在三月底櫻花盛開時，補償太太出遊日本東京。

他對「沖繩馬拉松」印象深刻。飛機到了那霸，要搭早上四、五點的接駁車到中部。跑步路線會經過美軍嘉手納基地，營區阿兵哥可以在旁邊合照。當地的私人補給非常豐富，而且九點以後才開始跑。

沖繩民眾比日本本土還熱情，所以隔年他又去跑南部「那霸馬拉松」。

同事婚宴開啟拍照職人魂　追求完美苦煞自己

仙輩哥會對拍照產生興趣，是因為年輕時從事汽車銷售，許多營業所業務員要結婚時都會請仙輩哥充當攝影師，那時還是用三十六張底片式的相機及V8錄影機，換底片及影帶的動作要很快，否則就會錯失鏡頭。

仙輩哥回憶起那段日子，從早上迎娶到晚上喜宴，幾乎不敢停下來吃東西，一停下來可能就會漏了同事最美好的一刻。而且他有數十位同事，幾乎都由他來拍照，因為口耳相傳，愈來愈多同事朋友找他幫忙，事後也會包個紅包，負擔照片的費用，但這不是重點，他最高興的還是能夠幫同事完成人生大事，這才是支持他一直拍下去的動力。

他拍照也很挑剔，準備了兩種鏡頭：小鏡頭與大鏡頭。小鏡頭拍喜宴，最主要是二點八的鏡頭能夠造成散景效果，營造主題清楚、背景模糊的感覺。大鏡頭則用來拍家人，可以呈現清晰的人像，並捕捉動態的表情。

仙輩喜歡拍照，之前瘋跑步時，喜歡拿起手機對著迎面而來的跑友按連拍，拍個五張、八張、十張，然後再從裡面選兩張跑姿不錯的，其他就刪除，而且還要花時間整理、裁切、增豔、亮度、後製過，才肯上傳到跑團的 LINE 群組，讓大家去分享。絕不會有那種「人小小的，背景無敵大」的照片。他希望朋友看到照片不需再去挑選或刪減，那幾張就是最完美的一刻，不會出現拍五張只有一張可以用，其他都是眼神垂下來或腳步不好看的狀態。他希望提供給跑友不用再自己回去整理的照片，這點也凸顯了他凡事要求完美的個性。

拍攝台新女子馬拉松。

至於為何不用單眼相機幫跑友拍照，仙輩哥解釋是因為他並非真正掛名的攝影師，在「沒有名、沒有目」的狀態下，在河濱拿個相機——不管短鏡頭或長鏡頭——幫人家拍照，怕被誤會是「怪叔叔」。二〇一九年，耕跑團的「耕跑牆」要大合照，仙輩哥把以前的壓箱寶單眼相機拿出來使用，發現效果奇佳，開始幫耕跑團拍河濱團練與團報賽事。

跑界攝影師拍照很開心　整理照片很虐心

耕跑牆開啟仙輩哥以單眼相機拍照的契機，除了拍跑團的跑友，認識的也拍，到最後不認識的也拍，全都拍，然後放到「尋寶網」，結果被「尋寶網」相中他的拍攝功夫，邀請他當「特約攝影師」。起初仙輩哥還拍得很開心，但經過一年後，他發現中午拍一拍，晚上九點前要全部上傳，面對近五千張照片，還要挑選、後製，對於要求完美的仙輩哥來說，負擔很大；同時如果遇到賽事臨時有事，還要找人代替，仙輩哥感到有些不便，最後婉拒特約，也比較有時間和心力做自己喜歡做的事。

假日福和橋河濱拍晨跑。

仙輩哥也開始在照片上打上「仙輩」二字浮水印與跑友互動，同時也成立粉絲專頁，人數已破萬人。有人建議仙輩哥可以在粉絲團達萬人時，給予那位幸運兒大張的簽名海報，但仙輩哥考量當前的粉絲也不是每個人都跑步，有些是喜歡跑者的英姿與跑步認真的模樣，才加入粉絲團欣賞照片，因此沒有辦這特別的活動。

成立粉絲專頁，最主要是讓大家可以從這邊去找照片。在「尋寶網」當特約攝影師時，也會精選二、三十張放在「跑者聯誼網」，增加跑者曝光度。跑友也了解攝影師的辛苦，常常有跑友會拍仙輩哥等待畫面時專注的神情，那種工作照一公布，兩、三千個按讚數也讓仙輩哥十分欣慰。透過粉絲專頁與跑友互動，也讓仙輩哥十分開心。尤其仙輩哥有驚人的記憶力，可以記住對方名字，每一次拍照，都可以點人家的名字，拍照時面對面的互動，更融洽有趣。

一個名字一句加油　捕捉跑者最美身影

每每握著長鏡頭，站在賽道旁或是田徑場上，仙輩哥都喜歡喊跑者名字為他們加油。他說這個動作會讓跑者感到更溫暖，同時在聽到自己名字時都會仔細尋找音源，那一瞬間，目光與鏡頭的交會，就會激出動人的畫面，或是做個可愛的動作，或是露出可愛的笑容，或是展露堅定不移、勇破ＰＢ的態度。如果碰到不認識的跑友，仙輩哥也會喊聲「加油」、「來來來，看這裡，微笑」，以聲音引導對方做出勝利的姿勢。他喜歡這樣子的互動，希望「按快門時，跑者眼睛看鏡頭又有表情」。通常仙輩哥在刪照片時，很專注的、有真情流露或開心微笑的不會刪，會刪的大多是低頭，或是跑姿腳沒有踢出來的。

二〇二二年，仙輩哥去拍「梅花湖鐵人賽」，那時候是雨天，也不是很大的毛毛細雨，他拍了一張小鐵人的賽事，主角是一位小女生，那跑步專注的神情超萌，很吸引人。照片放上粉絲專頁，獲得一萬多人回應，比仙輩哥粉絲人數還多，可能是太可愛了，大家轉傳分享。連小孩的爸爸也在上面留言：「您把我的那個小朋友拍得很棒，很可愛。」作品獲肯定，就會一直在不同的平台轉傳。

現在的仙輩哥已經當阿公，平日專心在工作上，假日則為跑者拍照。他透過拍照、粉絲專頁與跑者互動，也與跑友建立微妙的默契。

假日河濱拍完晨跑後與跑友在星巴克喝咖啡，順便整理照片。

在福和橋下寶藏巖的「國手之道」上，跑友總會在練跑時偷偷觀察仙輩哥是在左邊還是右邊，經過他時，都會露出自己最美的笑容，甚至會答數「一是左腳二是右腳，一二一二」地通過他面前，仙輩哥有如站在司令台上的指揮官，檢閱每位跑友的跑姿與儀態。

如果遇到仙輩哥拍照，記得一定要抬頭挺胸，以最美的姿態入鏡。

來來來，
看這裡，
微笑！——李根旺

以視障陪跑為志業的六星跑者

——劉盈秀

二〇二四年四月二十一日倫敦馬，當衝過終點的那一刻，她變身「六星跑者」，心中浮現那些魔術數字：二〇一八年柏林馬、二〇一九年芝加哥馬、二〇二三年波馬、二〇二三年紐約馬、二〇二四年東京馬。完成六大馬拉松賽事是一段獨特的旅程，每場賽事都帶來新的體驗與難忘回憶。

在充滿歷史和文化的倫敦完成最後一場大賽，為自己的六大馬旅程畫下了完美句點。當 ABBOTT 志工將甜甜圈掛在她頸上時，內心不禁為自己喝采。這一刻，不僅見證著夢想的實現，也是結婚三十週年的美好慶祝。她感謝老公的細心安排，一同踏足倫敦與愛丁堡，度過難忘的旅程。先生的支持和陪伴使這次倫敦馬之旅更加圓滿，留下人生美好回憶。

「妳能帶我跑多久，我就跑多久！」這是一句從視障朋友口中說出的話，但在「愛心董座」劉盈秀的心中，卻是酸楚又感動的。就如同心中一直縈繞著蕭煌奇的那首歌——《妳是我的眼》，視障朋友出門跑步的時間非常有限，而且需要有人陪跑，每一次運動的機會都讓他們期盼能夠多跑一些，即使有風有

跑步外，也從事高爾夫球運動。

雨，但那份堅持依然火熱。

劉盈秀在耕跑團中被稱為「愛心董座、最速董仔、阿姐、迎風」，這不僅是她事業上的一種肯定，也是在「跑步」這條路上累積的各種成就。「愛心董座」是事業上的女強人，從事資訊服務業超過三十年，之前主要是在系統整合服務公司，從軟體工程師做起，後來轉到業務部門負責銷售與產品主管工作，經過多年的歷練升遷，擔任上櫃公司總經理。二〇二二年轉到集團另一家子公司，擔任軟體服務公司董事長，公司主要是聚焦智慧醫療、智慧健康與智慧照護三個領域的解決方案。

然而，過去的「愛心董座」並不喜歡流汗的感覺，對跑步更是毫無興趣。在她眼中，看著一群人在路上瘋狂跑馬拉松，身體滿是汗水，疲累得要命，她無法理解其中的樂趣。直到一次機緣巧合下，她接觸到了「台大門外社」，這才改變了她對跑步的看法。

「台大門外社」的魔力　開啟第二人生篇章

二〇一六年，盈秀進入台大就讀ＥＭＢＡ，正巧看到學校期刊介紹「台大門外社」，內容敘述多位學長姊見證參加門外社後，如何改變他們的人生與健康，並且大推門外社。這引起盈秀強烈的好奇心，本來是為了轉移工作重心而報考EMBA，卻因門外社的故事而重新定義了自己的人生規畫。

當得知有一個神奇的運動社團可以改變人生的故事時，深深吸引了盈秀的注意力。每週二有空時，她都會前往門外社。由於之前沒有跑步經驗，一開始是跟著古哥、山羊學長慢慢學習跑步，還有其他學長姊耐心陪伴教導，逐漸形成固定的跑步習慣。後來，為了參加戈壁賽，盈秀加入了相關的團隊練習。

參加戈壁賽是盈秀跑步生涯的一個轉折點。在短短半年的訓練後，她幸運地成為戈11A隊的一員，跟競賽組夥伴一起完成三天一二一公里的賽事，對於素人跑者的她而言，真是一個奇異的經歷。追風（台大EMBA同學）稱讚盈秀在賽道上跑出最好的自己，而這戈壁完賽成就感的種子，也讓她對跑步有了信心。

盈秀也深深感謝當時幫助她練跑的學長姊，尤其是阿達、路飛、瑜珈熊、嫩芸等學長姊的付出，還有戈11夥伴對她的不離不棄，讓她的戈壁之旅圓滿實現。

回想起當時的經歷，盈秀深信參加戈壁賽事是一生中美好的經歷之一。跟戈11夥伴在荒漠中完成賽事，不僅是一場挑戰，更是她與夥伴建立深厚感情的開始，至今大家仍常在練跑或賽道上見面，如同家人一樣親切。

戈壁賽後，對於跑步沒有特別的目標，盈秀非常感謝當時的門外社長、戈10A的阿達學長，一直鼓勵她參加跑團與賽事，不要中斷跑步的習慣。

盈秀跑全馬的目標都是「完賽」，因為她很怕被人家笑沒有堅持到底。例如參加戈壁馬最大的包袱就是身為戈11A隊的一員，若沒有完賽會很丟人，她想到那種畫面就會很有壓力。

她練跑通常都是自己一人「體感跑」，也很少跑長距離。雖然買了Garmin手錶，但她從未了解其功能，因此也沒有在管速度多少。當然也沒有所謂的配速，總是一個人咬牙跑到完，印象中跑馬的過程都是不舒服的。因為跑量不多，每次都在賽前臨時抱佛腳，賽前兩三個月很緊張，就會開始練跑。基於「輸人不輸陣」的原因，盈秀常常因跑量不足，但又要「臨陣磨槍」，導致雙腳經常受傷。

取得「視障陪跑員」證照　啟動美好人生跑步之旅

有一次參加全馬賽事，盈秀覺得自己真的已經跑不下去了，這時發現視障朋友都一直超越她，她忍不住想，他們怎麼那麼會跑呢？那時候，在二十幾公里時，盈秀已經想停下來走路，她很好奇視障朋友怎麼都不累，而且愈跑愈快。她很想跟著視障朋友跑，但真的跑不下去了，雙腳已不聽使喚。這次經驗也是盈秀成為視障陪跑員的起心動念所在。

剛好耕跑團的阿任跑友詢問誰有意願當視障陪跑員，盈秀立刻報名參加。第一次報名時，因手摔傷無法前往，報名單位殷殷企盼再次詢問時，盈秀覺得如果再說手傷不能來，擔心讓人覺得是藉口，只好忍著痛去參加第二次的陪跑邀約。盈秀不熟悉陪跑的技巧，心裡相當緊張，深怕對方跌倒，隨著陪跑次數多了，跑著跑著也就逐漸熟悉帶跑的訣竅，最後終於取得「視障陪跑員」資格。

以前沒有練習長距離跑步，盈秀超過十二公里就不想跑了，陪伴視障朋友練跑後，才開啟了她的長跑訓練。她表示，視障朋友跑速不快，但可以跑很久，「看起來好像是我在幫視障朋友，其實有時候是反過來，是他們在幫助我。」在與視障朋友共同奮鬥的過程中，她學到了許多珍貴的人生智慧。每次與視障跑友一同跑步，都是一場心靈的洗禮，讓她更加懂得感恩和珍惜當下。

盈秀表示，每一次陪跑都是一次深刻的體悟，讓她

帶視友完成曙光馬初半馬，一舉破二，不負所託。

明白了生命的脆弱與可貴。這種深刻的體驗，讓她在生活中變得更加堅韌和積極。她深信，每一步都有意義，每一次的努力都值得。

在與視障朋友的對談中，盈秀聽取他們很多的故事，並學到了感恩。尤其視障朋友因為出門跑步都要人陪，只要有機會出門，一定把握機會運動很久。

她打了個比方，今天視障朋友說要跑十公里，雖然他跑很慢，但不管跑多久都一定要跑到十公里為止；有些人說要跑到九點結束，就一定會跑到八點五十九分五十九秒。就算下雨，他們還是會想繼續跑，基於安全考量，盈秀跟他們說「不能淋雨，會感冒」，或「天雨路滑，很危險」，才能打消他們的念頭。

由此可見，視障朋友多麼珍惜可以運動的時間，他們總是盡可能多跑。每當盈秀問說今天要跑多少，視障朋友都會回答：「能夠帶我多久，我就跑多久！」這句話也深深敲進盈秀心裡，激勵著她不輕言放棄。

每當盈秀在賽道上感到痛苦萬分、跑跑走走時，看到視障朋友從旁邊刷卡而過，他們堅持向前的精神，都會激勵她不能輕言放棄。擔任視障陪跑志工，至今已經快四年，她透過跑步幫助視障朋友健康運動，不僅陪他們練跑，也傾聽他們的人生故事或共同參加賽事完成挑戰。點點滴滴的相處，對她這位陪跑志工來說，跑步成為她生命中的轉捩點，讓她的人生充滿正能量。每一次陪跑都是一次深刻的體悟，每一步都是在向生命的豐富學習。視障朋友的堅持不懈成為她的啟發，也成為她人生中最美的風景。

盈秀記得，以前只要隔天公司有重要會議，她絕對是晚上在家準備資料，但自從擔任陪跑志工後，她會依約前往陪視障朋友練跑，回家後再準備報告，這也是心態上很大的轉變。她樂於當視障朋友的眼睛，為他們圓夢，「愛心董座」的名號也這樣被叫起來。

在陪跑的過程中，盈秀累積了豐富的經驗，她分享道：「陪跑的人，要學會與視障者同步，不是拉著他們跑，而是與他們同步伐，感受腳步的節奏，這樣才能真正體會到他們的需求。」她強調了平等、尊重、理解的觀念，呼籲更多人加入視障陪跑的行列，一同分享跑步的快樂。

學會「變通、同理心」
老公只要聽到視障志工陪跑，就會支持她出門

成為視障陪跑員後，盈秀發現這並非易事。她需要學會聆聽視障朋友的需求，並在跑步過程中提供協助。每位視障跑友都有獨特的個性，有的要求不停地聊天，有的要求安靜專心跑步。其中有一位就和盈秀說，陪跑的一個條件就是「從頭到尾嘴巴都不可以停下來」，他跑不動的時候，他腳會停，可是盈

秀嘴巴不能停，要陪他聊天。

碰到不一樣的視障跑者，都可以找各種話題跟他聊，盈秀學會了「變通的能力」，學會了「同理心」，並且愈加理解了這些朋友的堅持和珍惜運動的心情。不同以往只會從自己的角度看事情，現在會從對方的角度去觀察，因為你要去理解別人，同時你也理解哪些人其實有了「看不見」的障礙。

尤其是跑在賽道上，要幫視障朋友做很多事情，要幫他拿水，還要照顧他，一路鼓勵他、注意他的安全、安撫他的情緒，在他跑不動的時候，不斷動之以情，讓他能夠平安地跑回來；在道窄人多的路段上，還要注意別讓他被其他跑友踩到、撞到。有一次盈秀帶跑，就因為對方臨時煞車，導致後面的人直接踩上來，將視障朋友的鞋子踩掉了，那位跑友還好心地幫視障朋友穿上鞋，才繼續跑，狀況多到無法想像。

即使存在這麼多無法預知的困難，盈秀仍願意陪著視障朋友跑，因為跑完不再只有酸痛，而是伴隨著滿滿的感動。

以前因晚上應酬繁忙，盈秀練跑的時間很有限。現在情況正好相反，她寧可放棄應酬，將時間花在練跑和陪跑上。她老公一直不太贊成她參加太多路跑活動，覺得她花太多時間在跑步上，但只要盈秀穿上視障陪跑員運動服，要去當陪跑志工，就會贊同讓她出門。只要提到老婆，他都會告訴別人「我太太是視障陪跑員」，支持之情溢於言表。

未來，盈秀希望能夠繼續致力於視障陪跑的志業，為更多有需要的人提供幫助。她相信，透過跑步，每一位視障朋友都能找到屬於自己的光芒，照亮前行的路。同時，她也期許自己在跑步中繼續成長，不斷超越自己，以實際行動影響更多人。

我們在盈秀的故事中看到一位堅韌而充滿愛心的女性，透過自己的努力和付出，為社會帶來了正能量。她的跑步故事不僅是一場鍛練身體的馬拉松，更是一場感動心靈的生命馬拉松。

活出自己　堅持健康跑下去

除了完成「六大馬」，盈秀對跑步沒有設定特別的目標。目前已在七年中完成二十六個全馬，只希望透過跑步維持快樂的心情與跑力，能夠跟著大家一起長久健康跑下去。盈秀喜歡團練，比較能夠維持有紀律的練習，也能跟跑友交流，目前參加台大波馬團、門外社與耕跑團團練，跟著課表持續練跑，也希望能跟上大家。

她也開始進行科學化的訓練，以前她對運動手錶的使用完全沒

參加二〇二三年金門馬，穿過金門大橋，見證歷史時刻。

有概念，現在學會如何將數據傳輸給教練，教練看完之後，也直接告訴她「肌耐力不足」。以前都以練跑為主，沒有做肌力練習；二〇二二年底跟二〇二三年兩場跑山賽事造成梨狀肌受傷，復健之路漫長，在學長姊建議下開始體認到，若要長久快樂跑步，核心與肌力訓練不可少，現在也開始找教練上課累積基礎，期望未來能夠不再受傷。

回首此生，盈秀覺得自己運氣很好，常遇到貴人，不論是在工作過程或職涯發展上，甚至在跑旅的路上，經常受到大家的幫忙，真是何其有幸！她心懷感恩，期許自己也有能力多助人、多提攜別人，成為別人的貴人。

在學習跑步之前，工作壓力與責任讓她長期不快樂，成功的表面讓她無法跟別人交心談心，常常覺得很孤寂。自從跑步後，盈秀的笑容變美了，心也變得寬容與柔軟，開始跟大夥兒嘻笑照相。她喜歡現在開心的自己，覺得自在又快樂，不用在乎別人眼中的自己應該是什麼模樣。活出自己，這也是她堅持健康跑下去的動力。

練跑也讓她開始學習跟自己獨處，能從工作中適時抽離出來，找到生活樂趣。練跑當中，她常常思考複雜或困難的事情，透過反思和冥想，幫助她快速做出決策與行動，也讓她更加了解自己，變得更有自信。

因為跑步認識許多跑友，一群人一起團練、一起進步的感覺真的很棒，是很好的社交活動。當她去國外出差或旅遊時，也經常一早透過雙腳去探索城市周邊，體驗當地的人文風情，發現許多有趣的角落。

「迎風」的意象不僅是形容盈秀矯健奔跑的姿態，更是象徵著她在人生道路上迎風而行的態度。「跑步改變人生」，對盈秀來說絕非虛言。

從一開始對跑步一無所知，到人生因為奔跑而綻放出不一樣的光彩。盈秀表示，跑步對她而言不僅是一項運動，更是一種生活態度。

舉著國旗迎向終點，順利完成波士頓馬拉松。

透過跑步，她學會了堅持、感恩和愛心。跑步不僅讓她身體更健康，也豐富了她的人生。她期許自己能夠一直保持對跑步的熱愛，並繼續參與各種有意義的跑步活動，與更多的朋友一起奮鬥、成長。

回想起初次踏入跑步領域時，學長姊對她說過一句話：「跑步讓妳交到真朋友。」後來她從跑步當中確實深刻體會到了這個真理！

跑步不僅是一項運動，
更是一種生活態度。

——劉盈秀

跑過艱辛BQ路，六星跑者夢想成真——倪政心

二〇二四年四月十五日是他跑步人生最感驕傲的一天，在波士頓酷熱的陽光下，他努力地跑著，不能有任何一點差錯。想著只要今日完成市民跑者心中奧運殿堂的波士頓馬拉松，就能成為世界馬拉松大滿貫賽事的「六星跑者」。當他開心舉著國旗衝過終點的那一刻，他知道自己做到了。九年的逐夢，此刻變得清晰又鮮明，終於圓夢，手捧象徵「六星波堤甜甜圈」的獎牌，一切都值得了。

「跑步生涯中最難忘也最刻骨銘心的，就是前進波士頓馬拉松這段艱辛又漫長的路程。」耕跑團副團長倪帥——倪政心，回憶起過往路程，真的是酸甜苦辣、五味雜陳。除了受疫情影響造成訓練節奏間斷，接踵而來的高強度課表也是既虐身又虐心。

從二〇一五年以五十九歲高齡誤入台北馬拉松的初馬開始，二〇二〇年台北馬拉松第一次設定目標後，滿懷信心卻挑戰失敗，倪帥身邊許多熱心的跑友主動伸出友誼之手，提供更有效率的訓練方式，並自願擔任賽事的配速員。唯世事難料、好事多磨，在進入二〇二一年台北馬拉松第二次挑戰的前一週竟然重感冒而全身癱軟，頓時心情落入無盡的深淵谷底之中。

但友誼無價、真情可貴，風一樣的男人「小林」（耕跑團跑友）在二〇二二年台北馬拉松時又再次配速陪跑，大家信心滿滿且一路順利，然而意外總是在無法預料的情況下悄悄到來。最後五公里因補給策略失誤而徹底崩壞，最後只能拖著歪斜的身軀、無力地踩線完賽，以「一分鐘」之差再次與BQ擦身而過。

前進二〇二四年波士頓馬拉松，只剩二〇二三年三月東京馬拉松的最後機會了，只有兩個多月的訓練時間，中間又卡一個春節假期，「小林」仍義無反顧地擔任起私人教練。皇天不負苦心人，終於在最後機會讓倪帥獨力擠進BQ的窄門之內。對倪帥而言是「不經一番寒徹骨，焉得梅花撲鼻香」，這也是跑友之間友誼昇華的最高極致了。

不只是跑步，寶貴人生也是。從現在開始，跑你想跑，學你想學，做你想做，成為你將來想成為的人！

「不用很厲害才開始，要先開始才會很厲害。」

倪帥從事鞋類生產外銷的傳統產業，剛開始是鞋類貿易的工作，三十多年前在大陸設廠，轉為ODM生產設計製造外銷，七年前又開創自有品牌 Grant Stone，在美國市場透過網路平台銷售高檔的男款紳士皮鞋。

從艱辛漫長的路途，逐漸邁向穩定平坦，但隨著大環境不斷改變，再加上諸如美中懲罰性關稅、COVID-19疫情等無法掌控的變數，經濟與非經濟因素交疊下的各項挑戰從未間斷過，至今仍在努力打拚、全力以赴。工作時總有無止盡的加班與應酬，長期無法正常作息導致身體健康出現了不良狀況，醫生也提出善意的建議，促使他下定決心以「規律運動」來改善這些問題。

年輕時喜歡各種球類運動，籃球、排球、棒球等都是優先選項，隨著年齡的增長，卻很容易造成身體的傷痛與不適，於是開啟了高爾夫球的生涯並樂在其中，甚至組團遠赴英國蘇格蘭高爾夫發源地，有數百年歷史的聖安德魯老球場（Old course at St Andrews）朝聖，揮桿圓夢享受著ＰＧＡ選手在高爾夫四大賽中英國公開賽的同等待遇。但高爾夫因場地與時間的限制，加上運動量能不大，對改善健康的效果有限。最終在無意間選擇了本來並不喜歡的跑步這項運

參加耕跑團週四夜間台北田徑場例行團練。

動來健身，因為時間、場地、同伴等各項門檻都很低且效果佳，慢慢地也就愛上了跑步。

剛開始就是一個人在住家附近公園傻傻地跑，流一身大汗就覺得心滿意足了。後來因緣際會認識了由公司董事長帶隊，並要求全體員工都要參與跑步的「耕建築」夥伴，開始被推坑參加路跑賽事。

五十九歲跑初馬　跑馬人生不設限

倪帥的第一場路跑是二〇一四年台北富邦馬拉松的九公里賽事，氣喘吁吁地跑完後被邀請參加耕建築公司員工每週四在台北田徑場的團練，然後加入「耕跑團」，正式進入路跑的行列並持續參與各項賽事。因此才漸漸地了解跑步要訓練及學習的事項這麼多，像是肌力、心肺、配速、補給等等都是學問，非常專業。

一年後又被這些壞朋友繼續推坑，與兒子 Stanley 一起參加二〇一五年台北馬拉松，父子檔同時跑出他們的人生初馬。四二．一九五公里對當時初入門的倪帥而言，根本是遙不可及的天文數字，在準備不足、受傷未痊癒、半馬後開始抽筋的狀況下，不停地與回收車搏鬥，內心也不斷地質問自己：為何要做這般傻事？要不要放棄算了？還好小天使「豹哥」不離不棄、沿路加油打氣，最終以五小時三十分五十一秒在關門前八秒鐘慘烈完賽，成功擄獲四二・一九五這個魅惑人心的數字。

參加二〇二三年 CT226 鐵人三項接力賽，和神隊友一起牽手衝線順利完賽。

賽後，團長黃張維董事長說的一句話深深鼓舞了倪帥，默默地打進他內心最深處，也是他毅然決定在馬拉松這條路上繼續跑下去的無限動力！團長說：「我認識很多五十九歲還在跑馬的人，但你是我認識的第一個五十九歲跑初馬的人。」

倪帥從此以長期規律的訓練和參加各項路跑賽事來增進自己跑步的能量。

訓練部分，因為年紀的關係，間歇對他而言強度太高、容易受傷，而且也真的因此受傷，所以改以長距離的肌耐力及配速跑增強心肺功能為主。不論寒暑，每個週末的半馬或賽事前的 30+K 是倪帥訓練肌耐力的基本課表，堆疊跑量再加上適當的配速訓練，以符合自己能力的方式累積出創造奇蹟的力量，也是順利達成預定目標的有效途徑。

賽事方面，除了一般半馬、全馬的標準路跑，倪帥印象比較深刻的像是北大超馬十二小時、追火車接力、日月潭環湖路跑、Hood to Coast、鐵人三項 CT226 接力賽等，當然還有 101 登高的垂直馬拉松，多元變化可以增進參與的樂趣，並提升興趣以延續跑步的動力。

力拚 BQ 晉升「六星跑者」　六十八歲素人跑者人生圓夢

平時倪帥就熱愛到世界各地旅行，讀萬卷書也要行萬里路，可以為了征服那浩瀚無垠的撒哈拉沙漠，風塵僕僕地千里跋涉；也可以為了邂逅那一生一世的感動、會幸福一輩子的極光，忍受北極圈天寒地凍之苦，都是為了圓一個心中的夢想。

因此倪帥積極地將跑步與最愛的旅遊相結合，也將跑旅行程延伸到國外，夏威夷沙灘、密西根湖邊、東京皇居等，都是美好的經歷與回憶。當然也開始報名參加國外的賽事如首爾馬拉松，甚至於六大馬的挑戰。

國外賽事的歡樂氛圍非常具有吸引力，六大馬的賽事更有如嘉年華般的魅力令人著迷。倪帥的六大馬在爆發 COVID-19 前已經完成柏林馬拉松（二〇一八）及芝加哥馬拉松（二〇一九）兩場，之後因為疫情而停頓了三年，所幸二〇二二年十月的倫敦馬拉松又重啟他的六大馬賽事。

參加 2022 年倫敦馬拉松，於白金漢宮前林蔭大道高舉國旗通過終點順利完賽。

更令人鼓舞的是在二〇二三年三月的東京馬拉松順利跑進BQ，二〇二三年十一月繼續完成紐約馬拉松賽事，高舉飄揚的國旗邁向終點，倪帥的心也隨之飄揚。二〇二四年朝聖「素人跑者奧運殿堂」的波士頓馬拉松，在耕跑團二〇二四波馬最大團的大纛下，吃到他的六大馬甜甜圈，完成他「人生圓夢系列」中跑步的最大夢想！多麼令人開心又倍感榮耀，這更是一位六十八歲素人跑者大叔送給自己最美好的生日禮物啊！

跑步「有歡笑有淚水，酸甜苦辣百味雜陳」像極了人生

「想體驗跑步，那就跑一哩路；想改變人生，就跑一場馬拉松。」在馬拉松訓練或賽事的過程中，會面對各種不同的情緒和感受，有歡笑、有淚水、有衝勁、有煎熬、有突破、有低潮，更有各式的傷痛需要去接受共存，酸甜苦辣、百味雜陳，內心的小劇場也從未間斷過，這也就是人生的縮影啊！

倪帥想起每當身心狀態落入谷底時，總是因為身邊好友的激勵，或是受身旁不知名陌生跑友高昂精神的鼓舞，讓他從絕望的深淵中重生，重新燃起無比的動力和鬥志。不為昨天而嘆息，只為今日更美好。倪帥覺得每一次訓練、每一場賽事，都是人生中的一個里程碑，但絕對不是

二〇二三年十一月參加紐約馬拉松，在中央公園高舉飄揚的國旗邁向終點。

終點。在黑暗中艱苦訓練，在跑道上盡顯光芒，這就是馬拉松獨特的魅力所在，也是面對人生應有的態度。

「一個人可以跑得很快，一群人可以跑得很遠。」跑者是孤獨的，不論是摸黑早起、睡眼迷濛，還是伴著月光疲憊難耐，都只有心跳與喘息聲伴著自己的步伐孤獨前進。

想要戰勝孤獨，就選擇加入跑團，大家一起熱血、一起勇敢、一起瘋狂、一起成長，總和孤獨成為團體的力量。參加跑團是他持續跑步的最大支柱，也是倪帥能堅持跑步的最佳選擇。大家耳熟能詳的馬拉松跑神基普喬蓋（Eliud Kipchoge）也常說：「我能夠經常勝出，並屢破世界紀錄，是建基於團隊的力量，那不單只是比賽時的分工，長期在團隊氛圍下訓練也是成功的關鍵。」正如人生的成功，也不可能只是一個人的功勞。

倪帥記憶最深刻的是在組隊參加 Hood to Coast 的比賽中，藉由隊友間無私的協助、愛心的加持、相互的激勵，他們所組的「耕跑山海隊」完成了越山向海人車接力一百七十公里的約定，成就了不可能的任務，也因此成為生死之交。這是人生中多麼難能可貴又令人珍惜難忘的回憶啊！倪帥想對生死之交的隊友重複一聲當時從黑夜到白天，在狂風豪雨中奮戰的共同語言：「寶貝，加油！」

幸得美眷相依偎　跑步人生如影相隨

倪帥的跑步人生中從不缺席的就是他的牽手美莉姊，兩人牽手一輩子相依相偎，膝下有一子，目前在美國成家立業。

美莉姊曾寫給倪帥一段相當感人的感性小語：

年輕歲月～酸甜，一無所有卻浪漫地編織未來的夢想。

事業開創～苦辣，各自的領域認真經營，心靈、見解相互提攜。

邁入壯年～回甘，嘗試各種新的歷程享受挑戰，雖是平凡歲月，有你如師、如友愛相隨，日子皆是美滿而精彩。

祈願，平安健康攜手到老；陪你，完成更多的夢想。

美莉姊這幾句告白，訴說了兩人千古不變的情緣，也道盡了從年輕到開創事業，再到耳順之年的相知相惜。只要是倪帥跑步，美莉姊總是如影隨形，或是陪行補給，或是加油打氣。有時倪帥跑長距離，美莉姊就走路，在「國手之道」來回折返的道路上相伴，也是彼此運動健身的日常。

兩人從學生時代就一見鐘情，那時倪帥是交通大學學生會主席，美莉姊是靜宜女子大學學生社團負責人，均熱衷於社團活動，也因為社團活動結緣，每年寒暑假都要聚首共辦活動，常常一起生活好長一段時間，從籌備到開辦，最後結束還要收尾。有一次活動結束後，一群人去九份遊玩，還在九份車站拍了一張照片，非常可愛。最後不忍解散，幾位主力幹部四男四女共八人組成「交宜會」(交大和靜宜的組合)，依年紀排序，倪帥排行老大，美莉姊排行老六，八個人定期聚會、感情融洽，有如八個太陽般照亮彼此。

但隨後因各自到不同地方發展，慢慢比較少聯絡了。有一次，他們在溪頭租了一個房間，八個太陽重溫學生時代的熱情，時序立刻拉回青春不留白的年少輕狂。倪帥、美莉姊現在回想起來，心情依舊澎湃，他們也是八個太陽中唯一「在一起」的一對，從學生時代相守到白頭，倪帥的跑步人生當然少不了美莉姊。

想對進入跑步世界的人說：「全家一起跑，就對了！」

葛雷（Erin Gray）曾說：「運動，最難的就是開始做。不過，一旦開始經常運動，最難的就是停下來。」所以倪帥想對進入跑步世界卻又猶豫不決的人說：「跑，就對了！」

在跑步的歷程中，除了擺脫病痛重回健康，還擁有一群宛如生死之交的好朋友，最令他欣慰與感激的就是家人無條件的齊心配合，進而將全家人的心更緊密地結合在一起。不論是平時的訓練，還是參加國內外賽事，全家總是盡可能地一起參與，共同分擔挫折也分享喜悅。對於跑步過程中曾經幫助他的貴人及他心愛的家人，倪帥心中除了感激，還是感激！

愛跑步的日本作家村上春樹曾說：「終點線只是一個記號而已，其實並沒有什麼意義，關鍵是這一路你是如何跑的。」人生又何嘗不是如此？今時今刻，倪帥最想告訴自己的就是：

「不是因為變老而不跑步，而是沒有跑步將開始衰老。」他想與跑者共勉之！共跑之！

不是因為變老而不跑步，
而是沒有跑步
將開始衰老。
——倪政心

拋開初馬慘痛記憶，
不斷突破個人紀錄

——劉溪烈

「風雲帳下將軍在，笑談苦樂志益堅。」這是劉溪烈將軍對自己的期許，也是這一份志氣，讓他從貧困的前線少年到官拜中將，並讓他堅持不懈地「慢跑」，雖已六十七歲，卻有勝似青年的體能與心態。

大部分人都明白體能與事業及人生的關係，是如何密切與重要。我們每一種能力、精神機能的發揮，都需要有健壯的身體。然而，有多少人能夠跟劉將軍一樣，願意花數十年的時間去實踐它呢？

人生幸福第一要素，當然是健康的身體。而人生最有意義也最能讓自己滿足、快樂的事，首推助人。劉將軍對此有深刻體驗。

六十七歲已是傳統說法上的老人，一般不是慢性病纏身，就是體能大幅下降，劉將軍卻還能每天慢跑十幾、二十幾公里，跑馬拉松如同家常便飯，愈跑愈年輕，不知羨煞了多少同年紀的人。而在享受自己快樂、健康的人生時，他還熱心帶領視障朋友慢跑，甚至參加全國身心障礙運動會，此種快樂，豈能以物質價值來衡量？因為他，家族成員也興起熱愛跑步的風氣，以此凝聚家族向心力與感情。

將軍對慢跑健身的熱愛，使我們也能夠從那些妨礙跑步的阻力，以及憂慮、疑懼、消極等精神束縛中解脫出來，為自己營造快樂有為的人生，並為社會做出貢獻。

「不管做任何事情，只要是對的，一定要堅持做到好，甚至更好。」這是官拜「中將」，擔任軍職四十一年的劉溪烈一生信守的名言。將軍二〇一三年從國防部退休後，稱自己已自動降為二等兵，在耕跑團的名號就取諧音叫「薑君」。

大多數人都以為薑君在軍中一定有很多機會可以跑步，其實不然。尤其在基層單位時，因為軍務繁忙，平日負責通信裝備維修與相關任務，生活中幾乎沒有太多時間可以跑步。而且薑君服役於空軍，空軍的重點在空中協防、作戰，和陸軍要求跑步健身的宗旨差異很大，所以在一九九九年以前，他幾乎沒有做什麼運動。

參加二〇二四年國家地理路跑賽，獲得分組第一。

「家族運動會」兼顧孝親及子女身教而努力跑

薑君會接觸跑步源自一個相當有趣的因緣。他有十位兄弟姊妹，假日探望住在內壢的父母親，幾乎不可能同時回去，於是在竹科工作的小弟，於一九九九年擬訂了一個家族運動會計畫，規定每月第二個週日早上，家族所有人都必須回內壢，若有缺席要繳交罰金。他們在內壢自強國中，分男子、女子、兒童等三組，舉辦「家族運動會」，藉此凝聚向心力。

跑步距離為一千六百公尺，大人依比賽成績好壞，決定繳交基金的額度，成績愈好，繳得愈少；小孩則依比賽成績領取獎金，跑得愈快，領得愈多，並由阿公阿嬤輪流頒獎。跑步成績好的，於下個月的比賽，由最外道向內分配跑道，讓跑不好的家人也有機會逆轉。

由於家族成員龐大，每次比賽均有四十幾位參賽，場面超級熱鬧。尤其是自己狂奔時，子女在場邊的加油聲不絕於耳，出錢事小，藉機做好身教更是重要。因此薑君在比賽前都會做好充分準備，幾乎每次都名列前茅，不僅跑出興趣也跑出自信。

一九九九年之後，薑君在部隊期間都會抽出些許時間練習跑步，每天下午五點，自主跑三至五公里，持續三個月後，竟然上癮了，不跑會很不自在。就這樣跑著跑著，半年以後，習慣性拉肚子及晚上九點之後精神不濟的毛病完全改善了，也更堅定了長期跑步的決心。

二〇〇六年初擔任國防部資電部副指揮官時，週一至週四每天下午五點之後，會到新店溪步道跑十公里左右。也因為跑感一直很好，當年自不量力地報了ＩＮＧ台北馬拉松，並準備以「破四」的成績完賽，殊不知是一場噩夢的開始。

可怕的第一馬　痛到過不去五十秒的綠燈

薑君清楚地記得那一天，他的第一場馬拉松「ING台北馬拉松」，幾乎要了他的命。

那時跑馬拉松的人不多，相關知識與訓練較為匱乏，他之前只跑過一場「國道半馬」就挑戰「ING全馬」了。薑君以為沒問題，沒有考量到跑量及經驗嚴重不足，更不懂得跑馬全程要如何配速。

他設定的目標是「破四」，跑到三十五公里時雙腳大腿痛到不行，心想只剩最後七公里，棄賽真的太可惜，但每跑一步雙腿都很痛，而且痛入心扉，變成跑步跟走路的速度差不多。

最痛苦的時刻是跑到台北市政府終點前，會經過基隆路地下道，距離終點只剩約一公里，卻是一個令人心碎的下坡又上坡路段。薑君硬撐到距離終點台北市政府約五百公尺的地方，很多觀眾在吶喊與加油，他的兩條腿又振作了起來，加速把最後半公里跑完。之後整個人就癱軟了，雙腳乳酸堆積太多，使他幾乎站不起來。

最終以四小時二十七分完賽，與預定的破四有不小的落差，實乃最後七公里嚴重掉速所致。

他印象十分深刻，比賽結束後準備返家，本來想過馬路去搭公車，雙腳卻痛到無法走過五十秒的綠燈。他想，反正這種情況下，公車的階梯也上不去，就改搭計程車回家。到家後，將近三個星期無法走下樓梯，遂下定決心，這輩子跑一馬就好了，從此視跑馬為畏途，他戲稱自己這輩子就叫「劉一馬」。

封馬到重新站上起跑線 花了八年時間

第一馬慘痛的教訓印象太深刻，以致於蕫君根本不敢再報名跑馬拉松。

二〇〇七年任職國防部次長，工作非常繁忙，能跑步的時間有限，為了健康與延續跑步的興趣，買了一部跑步機放在辦公室，利用晚上空閒的時間跑三至五公里。

二〇一三年退休後，開始每天在台北田徑場跑步。他的堂哥楊壽堂是一位超馬跑者，經常帶著他一起跑。在楊先生不斷鼓勵下，蕫君於二〇一四年鼓起勇氣報名台北富邦馬拉松。

蕫君說，報名的感覺像在下「冒著生命危險」的賭注，因為「第一馬」記憶實在太可怕，從二〇〇六年封馬到二〇一四年啟動「第二馬」，整整花了八年的時間。

他回憶起那一天，和堂哥一起跑，是帶著敬畏的心起跑。從零至十七公里，因為邊跑邊聊天，一直在說話以轉移痛苦的記憶，反而造成呼吸不順暢、右下腹疼痛。十七公里後，蕫君痛到無法說話，默默撐到二十九公里，想著再跑十幾公里就完賽了，強迫自己硬撐著跑下去。

他形容這次感覺是「跑步比當將軍難度高很多」，最後總算到達終點，以四小時十二分完賽，成績又向前推進了十五分鐘。但比賽期間腹部疼痛了二十五公里，抵達終點必須馬上坐下，不然一定會暈倒。第二馬的經驗，結果是「臉色蒼白，嘴唇發紫」。

接著「第三馬」的成績進步到四小時零三分，狀況依然是跑步期間會有腹痛的問題。他一直以為是自己身體的問題，直到跑團的醫師問他是不是邊跑邊講話，結果原來是「邊跑邊講話造成呼吸不順暢」所導致。

二〇一七年，薑君的「第四馬」選擇回到金門家鄉，參加「金門馬拉松」。這次順利完成「破四」的心願，足足快了十一分鐘，以三小時四十九分完賽，大破個人最佳成績。薑君以為這就是自己這輩子跑得最快的成績，殊不知接下來愈跑愈順，跑得比當初帶他的師父（堂哥）還快，從此成績不斷突破。

跑完二〇二三年金門馬拉松後，與金門大橋合照。

將軍自訓法
拋開初馬痛苦記憶，月跑量五百公里

薑君有許多自我訓練的方式。

首先，他每日跑。自從初馬經歷了痛苦的教訓，薑君決心找出自己的弱點，針對跑步訓練的方式加以改正。他要求自己週一至週五每天早上跑十五公里以上，萬一早上有事，就改在晚上補跑。每個月跑量盡可能超過五百公里（含帶視障朋友的跑量），如果有目標賽事，前一個月會跑一次三十六公里的長距離，配速每公里五分半。

其次，每週跑兩次間歇。週二晚上參加耕跑團的團練，由團裡的教練指導分組配速練跑。週日則到福和橋下的寶藏巖國手之道練習間歇，每趟五公里，第一、二趟以熱身為主，避免受傷，第三趟加速到四分十秒至四分二十秒，藉此提升跑速與強化肌耐力。

然後是每週六跑山。從捷運劍南路站起跑，至中社路頂折返，再跑回劍南路口，全程總長約十六公里，總上升高度約五百五十公尺，是跑友口中的「劍中劍」。

最後，也是非常重要的一點，他跑愛心也跑開心。

薑君在台北田徑場練跑，有位北田長期服務視障朋友的善心人士莊阿伯，把兩位視障朋友龍山與珮瑜帶到薑君身旁，並請薑君帶他們兩位跑步。

薑君問莊阿伯：「我從來沒有帶過，萬一把他們帶跌倒了怎麼辦？」

莊阿伯說：「教你五分鐘，你就會了。」

從此，薑君走上了視障陪跑員榮耀之路。每週一至五早上，帶視障朋友從零開始練，逐步增加跑步距離，直到一次可以帶跑二十二公里為止。

之後開始帶珮瑜參加比賽，二〇二一年、二〇二二年長榮馬拉松，分別獲得十公里視障女子組第二名及第一名。薑君說，沾了珮瑜的光，陪她上凸台領獎。他還帶珮瑜代表台北市參加在台東舉辦的「全國身心障礙運動會」，一百、二百、四百公尺三項均獲得第二名。

當了四年多的陪跑員，除了培養視障朋友的跑步習慣，更要注重他們的跑步安全。而視障朋友對

在台北田徑場帶兩位視障朋友跑步。

於生活、工作、運動與比賽，均能抱以正面、樂觀、堅韌不拔的毅力，帶給薑君更充實與快樂的退休生活，也充滿無限的正能量。

認識最速女律師　踏上世界「六大馬」之路

在一次耕跑團餐敘中，薑君認識了「最速女律師」Annie（邱靖貽），聽她分享完成六大馬的成就與喜悅，也燃起完成六大馬的夢想。那時薑君已年屆六十，也在金門馬達成波士頓馬拉松BQ的成績，二〇一八年立刻報名參賽，而那一次也讓他留下深刻的記憶。

比賽當天，運氣真的很差，遇到了數十年來天氣最惡劣的波馬，溫度不到攝氏四度，全程頂風六點五級並下大雨，而據報導有七千多位跑者失溫未完賽。薑君比賽全程穿著輕便的雨衣，連著名的Kiss Me 衛斯理女子學院「尖叫隧道」，都不敢稍做停留，最後幸運地以三小時五十八分完賽，未失溫是最大的幸福。

緊接著二〇一八年也報名號稱「六大馬最速賽道」的柏林馬，因跟著三小時四十分配速列車，結果前半馬跑太快，導致跑到三十公里後爆掉了，最後完賽成績比初馬還慢一分鐘，以四小時二十八分完賽。

二〇一九年參加芝加哥馬，薑君前一晚沒有興奮或焦慮的感覺，之前跑海外馬也沒有時差的問題，卻在這一次，一整晚翻來覆去完全沒有睡著。賽前，他的精神非常差，但他想，反正都來了，就盡力跑吧，嘗試在自己最糟的情況下，看能跑出什麼樣的成績來，結果出乎意料竟以三小時四十七分完賽。這對薑君的心理建設是相當受用的，之後不管遇到多麼糟糕的狀況，他都會告訴自己，最差的情況都會有三小時四十七分，而這也是之後薑君屢屢突破個人紀錄的基石。

薑君在二〇一八年完成波馬、柏林馬，二〇一九年完成芝加哥馬，二〇一九年拿到NQ。二〇二〇年他報了紐約馬及東京馬，並準備二〇二一年跑倫敦馬後完成六大馬。無奈，二〇二〇年爆發疫情，許多賽事停辦。直到疫情結束後，才在二〇二三年完成東京馬，準備二〇二四年跑紐約馬、二〇二五年跑倫敦馬，完成六大馬拼圖。

天生的鬼才，有計畫的人生
過不去的坎「難過半天就好」

薑君做事十分有計畫，跑步先從堆跑量開始強化自己的肌耐力，讓自己的雙腳適應長距離的壓力；再經由跑山訓練提升自我耐力，配合間歇刺激肌肉成長與速耐力，也經常參與視障跑團的活動，並取得合格陪跑員的資格。

薑君的求學之路更是令人驚奇。他出生在金門農家，在那個年代，物質非常匱乏，教育資源亦然，尤其他在家中排行老四，父母無法負擔他升學的學費，以後的路肯定是務農。原本國中畢業就被迫停學的薑君，有一天看到免費入學士官學校的招生簡章，遂選擇進入「空軍通信電子學校」就讀。

雖然國中成績不佳，但聽學校教官說士官班前三名可以免試保送「空軍官校」，就開始努力

二〇〇八年元旦晉陞中將。

讀書。軍校管理嚴苛，晚上九點熄燈號後，他偷偷在廁所燈下勤讀，最後以專長第一名的成績如願保送空軍官校。可惜的是，因未達空勤體位而遭到淘汰，無法站上飛行線。

薑君一直勉勵自己：「不如意的事，難過半天就好。」凡事有計畫地去執行，「不管做任何事情，只要是對的，一定要堅持做到好，甚至更好。」

跑步及為官亦是如此，因此薑君仕途順遂，成功化解九二一大地震時全台缺電所造成的全國空防系統破口。也因跑步讓自己維持在最佳狀態，成為他人口中的「童顏將軍」。從二〇〇四年七月榮陞少將，到二〇〇八年一月晉陞中將，薑君只花了三年半的時間，最後因非飛行體系出身，仕途受阻而選擇退休。

薑君很滿意現在的生活，他覺得跑團帶給他力量，尤其有很多高手可以切磋。如「破三」小組成員，不斷拉爆薑君，無形中也提升了他的跑速。他希望能健健康康地跑下去，至於要跑到幾歲？薑君說，要跑到自己跑不動為止。

不如意的事，
難過半天就好。

——劉溪烈

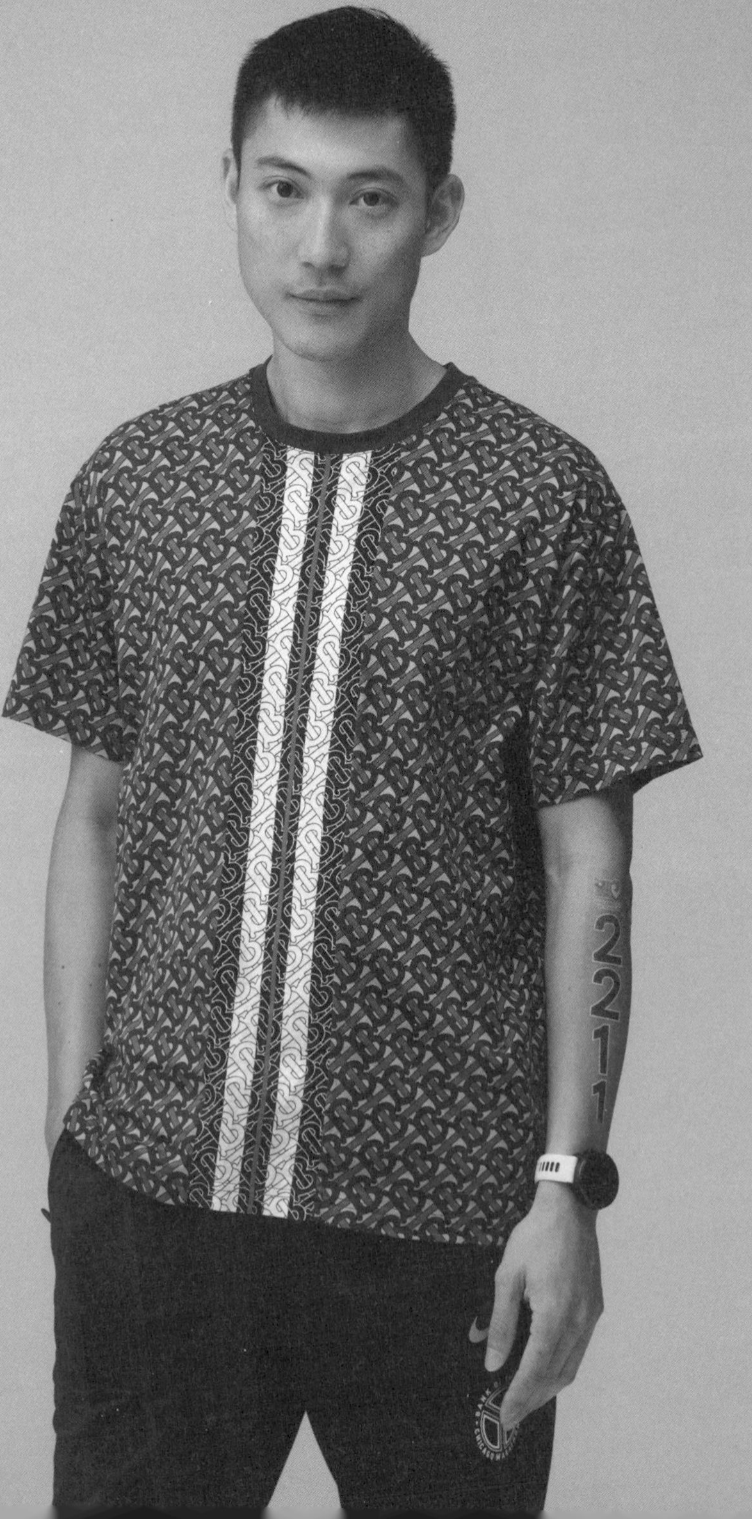

以賽代訓，愛上跑步的型男大廚——殷海翔

「破三！破三！破三啦！」素有「耕跑美男」之稱的Ocean殷海翔，二〇二三年十二月十七日在台北馬拉松跟著三小時配速列車，一路衝過拱門，最終以兩小時五十八分完賽。跟二〇一八年台北馬初馬五小時零八分的成績相比，短短五年，海翔進步了超過兩小時。二〇二三年Garmin馬拉松半馬跑出八十六分鐘的佳績，如此短的跑齡卻進步神速。而且，海翔俊俏的外表，是攝影師追焦的熱門人物，還因此登上「運動筆記」男神第三名。

談起那段「破三」的日子，海翔回憶起自己是二〇二三年三月首爾馬後，決心參加耕跑二〇二四波馬最大團，才開始參與「衝三」小組特訓，準備在二〇二三年九月前的最後一場賽事來達標BQ門檻。沒想到，人算不如天算，原本應該是緯度愈高愈冷的日本北海道馬拉松，氣溫竟然高達三十幾度，還下起暴雨，又是驕陽又是雨的情況下，成了名副其實BBQ團，被老天爺火烤兩吃，最終無緣趕上耕跑最大「波馬團」。

但海翔沒有放棄，繼續吃跑步強度的課表，月跑量雖不到兩百公里，但都是跑質不跑量，希望能逼出自己最好的潛能，靜靜等待「破三」的好日子來臨。

終於，二〇二三年台北馬，老天爺給了一個令人興奮的溫度，起跑氣溫十二度，是一個很可能破個人紀錄的溫度。這次起跑，海翔帶上兩百五十毫升的電解液，決定前面水站不進了。他把全馬分成三個階段：鳴槍後擁擠的仁愛路第一公里，配速四分三十八秒；第一階段二至十四公里輕鬆舒服跑，配速四分零五秒；第二階段十五至二十八公里穩定調整自己，配速四分十三秒；第三階段二十八至三十八公里要撐住穩穩地跑，配速四分十五秒。

從B區出發後，他一路衝出人群，到了中正紀念堂，跟上一位大哥，開始沿路尬聊，那位大哥說：「看什麼錶！用體感跑啦！」雖然當下海翔知道超速了，但身體是舒服的，就跟上去了，心中決定：「今天把手錶用袖套蓋起來，不看了，拚了！」

跑到第二階段十五至二十八公里時，海翔知道自己前面超速，多出了三百秒的時間，再跟下去，可能會打亂自己的配速，只好目送大哥離開。這時需要穩定，考驗才真正開始，海翔找到小團體幫忙破風，他躲在後面免受逆風的逆襲，調整好心態，穩穩通過半馬，時間八十九分，沒有快也沒有慢，但距離「破三」很危險。海翔這時右腳有點感覺了，補給品也很準時服用，他不確定是安撫心靈還是真正有效，總之，吃就對了。

總算到了第三階段二十八至三十八公里，海翔撐住四分十五秒的配速，後面聽到三小時配速員的嘶吼聲：「下橋了，下橋了。」但海翔知道自己掉速了，這時下橋折返，雙腿有點硬。進入河濱段時，跑友的加油聲，喊到整個河濱大家都認識他了，讓他瞬間回血。

直到三十八至四十二公里路段，他腿力全開，配速開到爆，當下他只告訴自己：「到了，到了，加油！」賽道上的跑友嘶吼著：「破三！破三！海翔加油，撐下去，快到了。」海翔看著前方麥帥橋，想著要撐下去，耳朵一直聽到各種嘶吼聲：加油！到了！看前方！

到了四十公里時，三小時配速員說兩小時四十九分，要追時間準備進南京東路加速。海翔努力地衝，他知道不能停，三小時配速列車就在後面緊追。終於抵達台北田徑場，通過拱門，兩小時五十八分，終於破三，達標BQ。

海翔以開心的笑容取代以往完賽的感動落淚，因為他知道自己又達成了一項目標，拿到二〇二五年「去美國波士頓吃龍蝦」的門票了。這也是他目前最佳成績。而以海翔進步的速度，再創新紀錄指日可待。

練跑日常，福和橋。

「富二代」不驕縱　不折不扣的「型男大主廚」

說起殷海翔的家世，他是一位「艋舺囡仔」，從小就繞著龍山寺成長，上頭有大姊和兩位哥哥，在家排行老四。父親是餐飲大亨，也經營旅館，所以海翔是位「富二代」，但他並不驕縱炫富，個性親和謙讓。父親工作過於忙碌，海翔可說是由阿嬤帶大的。

長大後，海翔承襲父親家業，念了餐飲科系，求學時期經常代表學校參加各項廚藝競賽。二〇〇八年北京世界中國烹飪大賽拿下個人及團體銀牌，讓海翔開了不少眼界。透過廚藝競賽，以各種創意讓菜色呈現更多組合元素，光是一個「鯖魚」，為了試菜就可以玩出千百種花樣，是位不折不扣的「型男大主廚」。

海翔本身廚藝了得，使用的工具也比別人鋒利，他有整副刀具，和電影裡大主廚的配備一模一樣，隨手都能抽出一把精湛美觀的刀，就像俠士的配刀一般。隨車攜帶刀具的海翔也因此發生了一件趣事：有一次晚間道路臨檢，他被攔下來，警察看到後車廂一整排的刀，相當傻眼，還好各種用途的刀子都有，切肉、片魚、剁骨頭，把把製作精美，不同於不良份子使用的開山刀、西瓜刀，加上他詳

高中時期掌控中餐廳兼校內選手。

細說明了用途，這才讓警察相信他是廚師而放行。

父親經營的老旅社，也在海翔接手後，重新改裝成文青旅店，取名「文艋行旅」，因艋舺又稱「文甲」。這家獲得德國紅點設計大獎（RedDot Award）、義大利 A'Design Award 設計大獎、中國晶麒麟獎、台灣金點設計獎等各項肯定的旅店，就位於龍山寺旁。他希望旅人來到艋舺後，能像進入時光隧道一般，感受沿著龍山寺而生的寺廟文化及在地美食，細細品味艋舺的古往今來。

沒有跑量只有膽量　愛上跑步這件事

至於為何會愛上跑步，海翔說應該是在國中時期踢三年足球，教練要求每日晨跑三千公尺，因此打下跑步的基底。畢業後進入父親的事業，負責學校營養午餐團膳駐點，工作壓力極大的他，每日要接收家長及師生不同的意見，很需要抒解壓力，就選擇最便利的跑步，一雙鞋子就能出發。每日利用空檔時間跑操場，成了一種習慣，他也因此隨身都會帶雙跑鞋。

國中踢足球的經驗，讓海翔對跑步沒有太大排斥。就這樣開始報名賽事，第一次接觸馬拉松是二〇一七年挑戰「台北馬拉松」半馬，當時連十五公里都沒跑過，月跑量不到五十公里，居然敢報名，現在

二〇二三年鎮西堡一百公里，美景盡收眼底。十三小時十一分完賽。

想起都會害怕！但因為有豐富的完賽禮，又有完善的交管，感覺跑起來一定很棒，就勇敢報下去了。賽後，認識了幾位朋友，一起加入「台北R2R核心團」(訓練核心肌群的運動團體)，正式踏上馬拉松之路。

隔年膽子更大了，直接報名「台北馬拉松」全馬，那時的他是「跑步新生兒」，對路跑賽完全沒有概念，甚至不知道有寄物袋，帶了更換的衣物和家裡鑰匙不知道怎麼辦，最後還是藏在台北市政府樓上的某個椅子上。他記得跑到二十公里時已全身酸痛，身體給他的聲音是撐不住了，但又想要完成，意志力的搏鬥最痛苦。

對海翔來說，要放棄一件事很難，報名了就一定要完成。他拖著疲憊的身軀走走跑跑，每個補給站都進去吃喝。他始終記得上一個半馬的感覺，但現在跑全馬等於又多了一個半馬，那二十公里痛苦至極。到三十公里時，後腦勺發麻，好像隨時都會趴下去。直到抵達基隆路地下道，離終點約兩公里，沿路的加油聲叫醒了他。

他的初馬最終以五小時零八分完賽，對「跑步新生兒」來說，成績還算可以。海翔至今已完成三十幾馬，也在二〇二三年完成鎮西堡一百公里，完賽時間十三小時十一分，真的是非常考驗意志力的一場賽事。

「追一個算一個！不能輸！」以賽代訓成為凸台常勝軍

海翔跑齡不長，但自從二〇一九年杉林溪馬拉松以五小時零三分完賽，分組第三名，首次體驗到上凸台的榮譽感，開啟了他對凸台的嚮往。三十歲以下的組別比較少跑這種山林馬，於是他開始報名山林馬或是比較冷門的賽事，上凸台機會便增加了。同時，他也以身教告訴他的三個孩子：「盡己之力，做到最好。」拿名次是對自己達成目標的肯定，海翔堅信：「追一個算一個！不能輸！」他要當同齡層的佼佼者。

二〇二一年加入「耕跑團」後，海翔才知道什麼是科學化的訓練、什麼是課表、什麼是間歇訓練、什麼是BQ，也開始追求「破三」的目標。跑團有種隱形的力量牽引著他，跑友相互支持、激勵，讓他每次團練必到，跟同組跑友完成一次又一次堅硬的課表。

海翔參加路跑賽事穿上耕跑衣，就是代表跑團，會很努力地為跑團爭光，這是一種成就感、榮譽感的總合。他希望自己能成為眾人注目的一股正能量，跑步時愉悅的表情管理，與攝影師開心的互動，也讓他成為鏡頭寵兒。

尤其當海翔看到「耕跑團」的前輩大姊跑進女子百傑、近花甲之年的大叔也能 SUB3，這對他來說是一種衝擊。他覺得自己如果不能跟上，就太丟臉了。他把在事業上「好強」的精神用在跑步上，因為在事業上「努力不見得就有好成果」，但在跑步上「努力一定會被看見」。

從此，他不斷寫下自己的凸台紀錄，二〇二三年田中全馬三小時零六分，分組第二名、總排第十六名上凸台；安農溪全馬以三小時十三分拿下分組第一名、總排第九名上凸台；烏來馬全馬沿著烏來峽谷上上下下，相當硬斗的賽事，也奪下分組第一名上凸台。

其實海翔二〇二二年就揪了朋友一起參加烏來馬拉松，結果自己忘了繳錢，被取消資格，擺了個烏龍，二〇二三年只好再來一次，算是對朋友的一個交代。

事前聽說這場賽事很硬，但跑過的人都說讚，跑起來舒服，風景又美。先不提陡上陡下的山路，海翔一心只想挑戰看看，但只要有上坡就一定有下坡，想到這，

二〇二三年長榮馬拉松。連三週全馬，三小時二十分完賽。

心裡也比較釋懷一些。

從烏來老街出發，過橋後，前方有隻狗狗陪跑，儼然是隻「前導犬」。緊接著就來一段好陡的坡，以為只有一小段，結果一路上坡，差不多有十五公里，真的跑到腿軟。跑到蝴蝶谷步道，滿滿的芬多精，只恨自己跑得太快，沒有慢下步伐細細品味。離開步道前的一段又長又高的鐵樓梯，讓他差點大腿抽筋。接下來又是石頭路又是林道，回程身旁一位六十多歲的大哥跑得好認真，逼得海翔也不敢放慢速度，就這樣一路回終點，居然拿下分組第一名上凸台。

海翔「以賽代訓」，上週「烏來馬」、這週「長榮馬」、下週「觀音馬」地密集參與賽事，增強自己的長距離經驗值。同時他的每週課表也相當簡單，一週的規畫大致是：週二輕鬆跑十至十二公里，週三及週五R2R核心團徒手核心肌群訓練，週四耕跑團間歇跑訓練，週六則是二十一至三十公里配速跑。每週都有間歇跑、輕鬆跑、長距離，算起來跑量不大。他也去擔任「最速的配速員」，藉由「帶跑」增進自我的體感跑能力，同時也加強穩定度。

二〇二三年海翔決定進軍鐵人三項競賽，雖然游泳是初學，但很幸運地入選 Garmin Tri 三鐵訓練營，進行二十週特訓，目標賽事是二〇二四年 CT113，海翔的目標設定在五小時完賽。訓練量突然加大了，以往一天一練，現在是一天兩練，總教練是三鐵職業選手張團畯，課表相當硬，每日不是騎＋游，就是跑＋游，或是騎＋跑，而且每隔兩週就要外騎。訓練量比以往高出許多，他也期待自己能拚出個好成績。

最終，海翔以五小時二十六分三十七秒完賽，雖未達到自己最初的期望，但「好強」的他，一定會持續想辦法自我突破的。

事業、家庭連結跑步　激出更多不可能的火花

因家族事業及父親的督促，海翔年紀輕輕就結婚了，目前已是二女一男的「三寶爸」。他喜歡帶著家人跑旅，在對跑步還懵懵懂懂時，就經常參加各地的路跑賽，一方面是帶家人旅行觀光，另一方面是滿足自己跑步上凸台的企圖心。一大清早他去參賽，跑完回到飯店，再和孩子共度親子時光。

跑步對他來說，不僅是一種運動，也是一種紓壓，更是一種社交，最重要的是全家可以一起參與。在繁忙的生活中，可以用雙腳看看風景、交朋友、聊天、互相激勵，也可保持頭腦的清晰，在事業上更專注。

海翔從跑步的進展上得到大於事業上的成就感，他希望事業能像跑步一樣順風順水，同時他也崇尚「結果論」，認為工作方法錯誤就可能導致結果的偏差。他複製學校團膳「高標準」的規格來經營他的

「旅館」，所以他在跑步時讓自己的心靈沉澱淨化，思索旅館事業的轉念與解套、創新方式。就如同他建議想入跑界的素人跑者，若能先強化自身的「肌群訓練」，對跑步絕對是事半功倍，他自己也是經由「R2R核心團」的肌力訓練，奠下破三的基礎。

至於海翔的下一場比賽在哪裡？他認為二〇二四年的台北馬是他的目標，雖然已「破三」，但距離「波士頓馬拉松」的安全錄取時間仍有危機感，還要再拚一下。他講求結果論，有了耕跑團、R2R核心團、Garmin Tri三鐵訓練營的加持，就看看結果能不能如同他的預期：「追一個算一個！不能輸！」

追一個算一個！不能輸！

——殷海翔

肥仔工程師變身破三帥哥型男——蔡肇彥

耕跑團團員蔡肇彥（綽號ＪＪ）的故事最吸引人之處，就是從「上百公斤」轉變成現在這樣精實的身材，而且還有不少女粉絲會追蹤他的位置。他如何從「一百二十五公斤到 SUB3 之路」，相信是所有跑者最想知道的。

談到家庭，肇彥笑著說，他的爸爸、媽媽有一個奇怪的興趣與專長，就是養出白白胖胖的小豬仔，所以他們家裡有個不成文的「成年條款」，體重要破百，才能算是一個成熟的大人。肇彥家裡三個小孩都達標破百，這種紀錄應該很多家庭都無法達標。

肇彥有一個與生俱來的興趣，就是「吃」。他一次可以吃三個便當，這應該也是一種難得的能力。憑著這一點，他在耕跑團交到無數好朋友，其中最喜歡跟爬山團吃飯，「以吃會友」，再帶著罪惡感來練課表，無限循環。

他還記得有次過年時，朋友讓他看了個笑話的影片，內容大約是：上來感受一下，抬腳輕輕一踩，「零到一百……真的只要零點六秒」。其實這影片是在說體重計，看完的當下他完全無感，這本來就是他從小到大量體重的日常，而且何止到一百呢？什麼六十、七十、八十、九十公斤，肇彥完全沒印象，有印象時，體重一直都是三位數的，就是個不折不扣從小胖到大的胖胖。

肇彥想像五年前的他，應該無法跟韓劇男主角一樣輕鬆地跑在河濱、在操場上狂奔、爬上百岳看雲海，以及穿上櫥窗裡模特兒身上帥氣的衣服，連半馬、全馬破三、超馬及ＰＢ都說不出個所以然吧。

大家最想問肇彥是怎麼瘦下來的？每每遇到朋友，最常被問到的都是：「你是不是吃藥？切胃？還是生病？」最後連有沒有吸毒都出來了，真是無言。肇彥從小到大三十多年，經過幾百幾千次的人體試驗，要瘦下來真的沒有其他方法，就是「飲食管理及運動」。

一個三十年的資深胖子，走幾步路都會喘，不是新冠後遺症，而是脂肪太厚。一直嚮往可以靈活地跑在操場上，沒想到有一天可以慢慢瘦下來，也可以跑步，肇彥對這一切都很感恩及開心。

跑步不難　難在下定決心和踏出家門的那一刻

一開始要運動真的很難，肌力不夠、體重太重，只好先從快走開始。最初快走一小時、兩小時，慢慢加到一天可以走六、七小時，大太陽也走、下雨撐傘也走，走遍了台北各大博物館及古蹟。他覺得跑步不難，難在下定決心和踏出家門的那一刻，要和自己的內心對抗，和天氣輸贏。

努力了一段時間，體重終於從一百二十五公斤掉到九十以下，接著就出現傳說中一定會遇到的「減肥瓶頸」，原本一個月可以瘦八、九公斤，怎麼現在都瘦不下去了？看來身體真的會習慣。

肇彥想著要再激烈點，那就開始跑步吧！從七分速月跑八十公里，到六分速、五分速、四分速，月

1 李吉仁
2 殷海翔
3 黃張維
4 何震威
5 林冠汝
6 邵仕剛
7 郭瑞祥
8 林詠晴
9 李根旺
10 連倩立
11 倪政心
12 劉盈秀
13 陳世冠
14 王翊菲
15 林慶華
16 蔡肇彥
17 劉溪烈
18 林美佐
19 高鐿禎
20 洪鴻祥
21 古奇哲
22 黃崑鵬
23 李銘峰

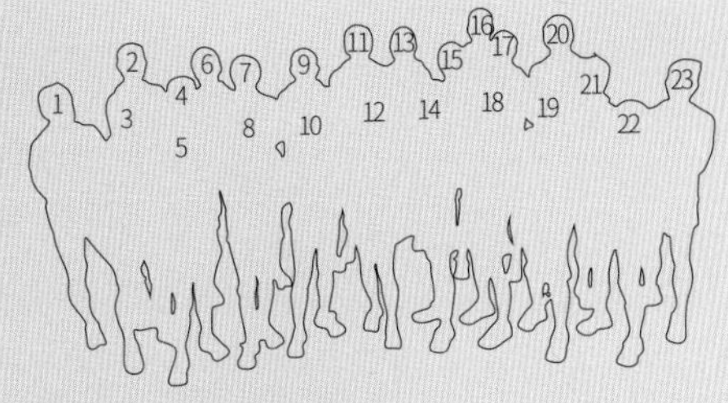

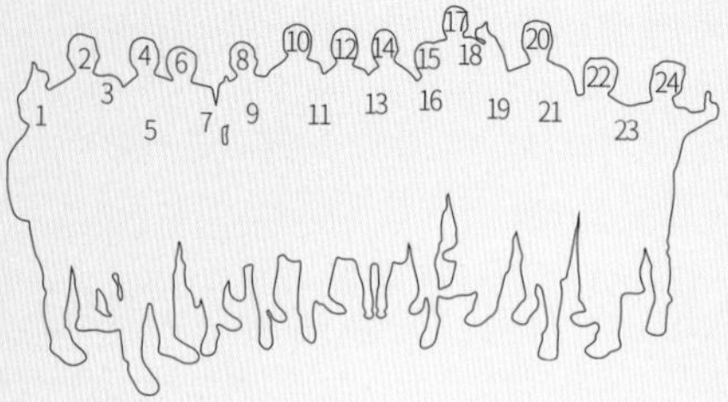

1 李吉仁
2 殷海翔
3 何震威
4 邵仕剛
5 黃張維
6 郭瑞祥
7 林冠汝
8 李根旺
9 林詠晴
10 倪政心
11 連倩立
12 王嘉昇
13 劉盈秀
14 陳世冠
15 林慶華
16 王翊菲
17 蔡肇彥
18 劉溪烈
19 林美佐
20 洪鴻祥
21 高鐿禎
22 古奇哲
23 黃崑
24 李銘

跑一百公里、兩百公里、三百公里、四百公里，不小心跑太多還會到五百公里。慢慢地跑出興趣，愈跑愈開心，還會期待下一次的跑步。但就是這樣才會不小心得了一種跑者經常罹患的「沒跑會死的病」，而且真的很嚴重，大概是末期的等級。肇彥開心地笑著分享這個歷程。

肇彥練跑目標原本只是為了健康，但去看按摩師跟物理治療師的次數愈來愈多，因為他對自己成績的要求也愈來愈高。雖然沒有大目標，有時能在某個時刻感覺到自己小小的進步，就會欣喜若狂。不過身為耕跑團的一員，每每在練習及馬場上看到滿滿的團友在一起加油，心裡就會覺得跑步真是很開心的一件事。

能坐就不站的破百體重，到不跑會死的人生。

一百二十五公斤減重到七十公斤　踏上人生馬拉松「破三」之路

肇彥瘦下來後就開始想參加路跑，他也感謝研究所同學偉哥及啾哥，只要在台灣各地參加路跑賽，

攀登奇萊北峰。

都會帶著他這位無法比賽的胖胖四處玩耍，但看著別人在馬場上跑，而自己只能在民宿等他們回來，總是帶點遺憾。他心中總有個願望，想和大家一起跑完半馬，只要跑完一次就好。沒想到，入了路跑這個坑後，半馬跑完的願望，接著變成半馬破二、破百分鐘，一直到跑進九十分鐘內。

肇彥初馬時也是想著人生總要跑過一次全馬，以後還可以拿來說嘴一下，還發誓只跑一次，不要被關門完賽就好。結果從二〇一八年台北馬初馬四小時二十八分，進步到二〇一九年太魯閣馬三小時二十四分、二〇一九年台北馬三小時四十六分、二〇二〇年渣打馬三小時十二分、二〇二一年太魯閣馬三小時零六分，到二〇二二年台北馬破三，最後不小心連環台北、雪山單攻、台北大縱走、越野跑山及棲蘭超馬都入坑了。

只能說，進了跑步的世界，每每都是一直在交壞朋友及自己挖坑給自己跳的循環中度過。不過他還是很開心在入坑跑步的這段路上，遇到許多和他一樣執著、一起練習、一起成長，然後再帶他跳進更大的坑的「壞朋友」。

也正因為有他們，肇彥才能看到更大的世界，並且去更遠的地方，做更多他過往覺得辦不到的事。甚至無法想像，一百二十五公斤、從小到大最討厭體育課的肇彥，可以因為跑步而上凸台，這應該已經跌破他歷年來所有體育老師的眼鏡。

第一次完成全馬。雖然花了將近四小時半才完賽，賽後還鐵腿了一週，但當時的感動不輸第一次破三。

「破三」不容易
互相陪練互相砥礪的戰友不可少

破三之路，對素人跑者來說，是一條漫長又自虐的路，因為能達到的人不多，自然更顯珍貴。肇彥說出了一些成功的關鍵因素，首先要交很多很多的「壞朋友」（馬拉松跑者），「一些會一直在賽道上跟你輸贏、一直拉爆你的朋友，每次都帶你到一輩子不會到、而且沒有回頭路的深山，跑過一座又一座的假山頭，永遠騙你快到了的壞朋友。」還有就是，「帶你去吃吃喝喝，讓你帶著罪惡感在下一次訓練只能更努力消耗熱量的壞朋友。」

也就是這些朋友，讓肇彥在每一次的主課表中都能突破自己的極限，每次都跑到吐，但也都跑得很爽快。在說說笑笑的山徑順便也練上肌耐力，訓練後的大餐更是撫慰了他愛吃的心靈。他都戲稱這些牛鬼蛇神是「壞朋友」，但也因為有他們，完整了肇彥的跑步訓練，也完整了他的生活。

講到壞朋友，肇彥先要感謝這次陪他一起吃課表，帶他進入破三的壞朋友——「大同互相傷害團」。以往他真的很討厭練課表，尤其是「間歇」這個跑到懷疑人生、回家腳又酸得要死的訓練項目。所以在剛開始跑步的前兩年，他每天就是快快樂樂地在田徑場上照著自己的感覺毫無章法地亂跑，邊跑邊跟其他大哥、大姊聊天交朋友，跑起來也是頗快樂。

直到有一天，有位帶著親切微笑的大哥 Chris 邀請肇彥加入他們的團隊，團隊有請教練，大家可以一起吃課表。起初看見這般溫柔的大哥，想說「應該不會太操吧，應該也不會太認真吧，大家就只是來交交朋友的吧，換個地方跑跑步也不錯吧」。不過，現實總不如想像的簡單。

這群人不論是出大太陽、下大雨，還是霸王級寒流，都是準時五點在人煙稀少的田徑場集合，而且教練的課表完成率高得嚇人，有時還會要求加碼，就連假日的「長距離訓練」，也沒有一週放過。跑季結束更是封印解除，加碼每週的老地方「台北北縱走劍潭段」跑山訓練，以及陽明山、內湖支線等等各週末不同的跑山訓練。連過年都還要來個百公里訓練及台北天際線北縱走、南縱走單攻。每位大哥都跟「操」人一樣，在這麼認真的團隊下，真的很難偷懶。

尤其當目標確立是「破三」時，總要有點犧牲，每天早上三、四點起床，五點田徑場報到，沒課表河濱見；吃食也要講究，「不能吃炸的、白天不吃澱粉」。不論再冷再熱、是不是下雨，都要吃課表。

也許肇彥會覺得自己很可憐，但在他覺得孤單、覺得冷、覺得想放棄時，這群人總會在田徑場上把他抓來吃課表。每每在強度課表洗禮下，他知道總會有一群人默默陪他吃完這麼難吃又硬的課表。

其實練跑的過程有點辛苦，也需要很高的紀律，但跑出自己要的目標，不論是距離還是速度，都可以得到滿滿的成就感。

難忘的「破三」台北馬　感受不同以往的關愛

肇彥一直難忘那場台北馬，除了第一次破三的喜悅，其實讓他最難忘的是在跑完後發現身邊的朋友都在替他緊張。大家都盯著動態資訊即時幫他加油，完賽時也一起替他開心。賽後，最疼他的倪帥及美莉姊還幫他開了慶功宴，並送上耕跑團的慶祝翻糖蛋糕。

肇彥家是賣吃的，父母親很辛苦地拉拔一群孩子長大，不論大熱天、大冷天，都要出門討生活，也因為太忙碌，對小孩的教育比較嚴格。但就在這次比賽後，肇彥深刻感受到大家滿滿的愛，也彌補了他從小缺乏關愛的部分，這是再多金錢也買不到的情誼，他相當珍惜。

也許是第一次「破三」在夥伴相互拉拔及良好的運氣下順水推舟地達標了，沒想到最難的是在「破三」後的隔年，兩隻腳因「訓練過度」，放鬆不足，得到頗嚴重的「足底筋膜炎」。每每跑完，走路也痛，站著也痛，尤其是早上起床首度站在地上時，真的是痛到哇哇大叫。

也因如此，比賽成績一路倒退，訓練也有一天沒一天，全馬賽事都是四小時多撐著完賽，受了傷才知道，不能跑步、不能跟大家一起訓練，是多麼難過的事。原先幾乎每場都可以破個人最佳成績，不小心還可以上凸台，受傷時的挫折感真是難以言說。

這樣的低潮，持續到他參加第三次太魯閣馬拉

半馬站上八十一分台，然後就卡在這好幾次破不了八十。

松，心想反正也跑不快，那就帶著跟大家出去玩的心態去跑吧。放鬆後快樂的心情，從起跑就跟朋友邊聊天邊看風景，看到對向認識的跑友也幫忙拍照，順便大聲加油。

肇彥跑完後很開心地跟朋友說，原來太魯閣這麼美，之前都忙著拚成績，對太魯閣的印象只有柏油路及前面跑者的背影。原來慢慢跑也有慢慢跑的樂趣，與朋友互動的快樂、與自然交心的愉悅、與自己對話的獨白。

受傷後放慢腳步　學會游泳、潛水、飆單車

既然受傷了，那就放慢自己的腳步吧！

肇彥以前不喜歡游泳，但在腳傷不能跑太多時，也就開始認真地從換氣開始學起游泳。對一位跑者來說，肌肉真的很硬很硬，身體也不夠柔軟，腳都是垂在水下的，學了快一年才不會吃水，一年後，腳才浮得起來。

但也因為跑步，肇彥的核心肌群比別人強，心肺耐力也比較夠，抓到水感後，速度就出得來。學了一年多，在某次一一三公里鐵人賽，三十六分鐘游完一點九公里，得到游泳項目分組第五名，他非常開

心。

另外，肇彥也在耕跑團認識了潛水教練威爸，接觸了更大的海底世界。威爸細心地帶肇彥考上潛水初級證照，讓他可以好好探究海洋之美，他也許願要一起去綠島跑環島及深潛。或許，這也是受傷帶給他的禮物，又多會了一項技能。

單車也是受傷時的最佳轉換訓練，所以不小心也入坑單車，朋友有事沒事就約個彰化到高雄單車一日遊，他就這樣騎了好幾次一日遊。肇彥說他是雨神，兩次騎一日台北到彰化，都碰到下暴雨，而且還低溫，真的冷死人了。他也挑戰了「一日北高」三百六十公里，以前不敢做的事，如今都做了。

腳傷期間，他學會了游泳、騎車，也在耕跑瑜珈老師 Misa 的帶領下，增加身體柔軟度。在身體可以負擔的情況下，慢慢地跑、慢慢地訓練回來。也許是真的很喜歡跑步，所以老天也沒有放棄他，在受傷低潮後給了他一個最完美的天氣及狀態，讓他再次破三。原來，努力過的自己，身體會知道。看來肇彥這輩子是要一直跑下去了。

跑步就是這麼迷人　跑過的人都知道

常有人問肇彥，瘦下來後，運動生活有什麼改變。當然最直接的就是身體的改變。以前血壓過高，被醫生要求一定要吃血壓藥，還有尿酸過高而導致痛風、肝指數四至五倍的爆表、胃食道逆流二期、溼疹、脂漏性皮膚炎、失眠等問題。但這些在運動後，全都不藥而癒了，做事情的專注力也變得更好。

除了身體變好，心境上也改變了許多。肇彥還記得自己以前胖胖時不敢照鏡子，看到鏡子眼睛都會閃開，更不喜歡拍照。但在跑步後，每場比賽都帶上有自己名字的號碼布。帶著自己超越昨天的自己，好像也頗帥的。跑步就是這麼迷人，不可否認這是個很需要「一步一腳印」、完全無法投機的運動，每次的進步也都只有一點點，甚至少到感覺不到。但就是這每天的一點點進步，一點點地改變了肇彥的世界。

肇彥最想講的是，也許維持原本的生活，不做任何改變，並不會有什麼差別，反正這世界還是一樣日起日落。但改變一下自己，或許在改變後會發現，這個世界比想像的更美好。

改變一下自己，
或許在改變後會發現，
這個世界比想像的更美好。
——蔡肇彥

從音樂和跑步獲得滿滿正能量——洪鴻祥

洪鴻祥（Shawn）是一位視覺障礙者，出生於南台灣的高雄，身處在氣候偏熱的山城，他也同樣有顆熱情溫暖的心。在他的記憶中，自己是在五、六歲時雙眼因為先天性白內障就醫開刀。小時候對於視力不好這件事一直不以為意，小學讀一般學校，跟同學相處得很好，跟他們一起玩、一起騎腳踏車在巷弄間穿梭，儘管他一直沒有真正看清楚過。

視力不好這件事，都是大人告訴他的。當時他只知道自己在學校裡享有特權，不需要打掃、不需要寫家庭作業，也不用上體育課、不用排路隊，就連每天最重要的升降旗都免了。他的小學時光就這樣懵懵懂懂地，在媽媽帶著他四處求名醫和喝符水中度過了。

國高中時期，媽媽非常擔心他視力不好，學業會跟不上進度，當然也希望他能學習獨立，培養一技之長，於是他離家北上，進入市立啟明學校就讀。第一次離開家了，有段時間常常一個人躲在宿舍裡面哭，時間久了才開始融入團體生活，從原本的偏食、對海鮮過敏，被訓練到什麼都吃。

二〇二一年與 Life 爵士樂團夥伴於時光音樂盒活動演出。

視障的限制讓鴻祥無法獲得全然的自由，自由的選擇、自由的行動、自由的閱讀等。最終他考取了按摩的專業證照，同時培養了對音樂的喜好，並選擇貝斯作為他主要的樂器。高三那年，有幾位老師鼓勵他去考音樂系，不過事與願違，並沒有上榜。畢業後，鴻祥選擇當一位按摩師和樂團貝斯手。

鴻祥任職於科技公司和新北醫院，也是樂團貝斯手，偶爾隨樂團巡迴演出；太太林欣芳（Jessica）曾是長笛老師，現服務於公部門多元智能電服中心，夫妻倆都是弱視，視力大約只有〇．〇三。

視障身分差別待遇　看清人生百態

鴻祥畢業時，對未來滿懷希望，想成為一位職業樂手，那時大家都給予肯定，鴻祥也如願過了幾年這樣子的生活。直到有一天，一位朋友告訴他，有朋友開了一間 pub，需要一位樂手支援，當時鴻祥帶著極度的自信，拿著樂器就去了。

他開心地表演完，覺得自己什麼歌都會；休息的時候有一位老師跑來告訴他：「年輕人，請你下次來上班的時候要記得帶樂譜，這樣大家彈奏的和弦才會一致。」後來老闆趕緊出來打圓場：「沒關係啦，他的視力不太好，看不到樂譜。」那位老師馬上改口以非常和緩的態度對鴻祥說：「沒關係、沒關係，老師你真的彈得很棒了！」當下真的感到社會的現實，欲哭無淚。

這件事情過後，他也體認到任何一個工作其實都有準則，有些事情是他的視力障礙沒有辦法克服的，必須接受這個事實。他有好一段時間心裡難以平復，但經過時間的洗禮，也慢慢接受了，回歸按摩工作，樂手工作轉為兼職。

投入按摩這一行，可以聽到許多客人分享他們的人生閱歷。有一位阿嬤告訴鴻祥，她八十四歲那年被醫生宣判要洗腎，本來不想折騰，但被子女強制來就醫，這麼一洗就好幾年了。她告訴鴻祥，她覺得活到八十四歲已經夠了，後面洗腎這麼多年都是在拖時間，說著，她深深地嘆了一口氣。這個故事對鴻祥的心靈造成了衝擊，他一直在想，人生怎麼樣算足夠？怎麼樣算不夠？他的價值觀無形中被翻轉了。

這幾年受到 COVID-19 疫情影響，一度有兩、三個月完全無法上班，疫情趨緩之後，所有的工作秩序都被打亂了，許多十幾年來一路支持鴻祥的客人突然都不出現了。有一天，一位爺爺出現在鴻祥工作的地方，他坐著輪椅，告訴鴻祥說現在出門比以前更不方便了，好不容易出來一趟，趕快來看看他們，以後可能就沒有機會了。鴻祥聽完，心裡五味雜陳。

這些客人的故事，一起在時間裡攪拌發酵，也許就像釀酒一樣，慢慢沉澱出味道來。鴻祥發現，以前會抱怨的事情，現在完全不會了，感覺更坦然接受現狀。人生不是只有一條路，也未必能走自己想要的那條路，很可能冥冥之中已經出現了自己該走的路，而自己卻困在疑惑中無法前進。

「跑步」找回小倆口快樂時光　心態改變隨遇而安

對鴻祥來說，連走路都有困難了，怎麼可能跑步？這個機緣完全是他的太座林欣芳起的頭。因為聽很多人說，每天要走一萬步，身體才會更健康，加上欣芳也很喜歡嘗試不同的事物，一開始都是欣芳約鴻祥一起出門去散步，慢慢地，他們開始每天出去散步，走著走著就想嘗試跑跑看，這一跑就跑出了興趣。

開始跑步到現在已經五年多了，他覺得最大的改變是身心得到了平衡。他所從事的工作，無論是按摩或音樂表演，都是論件計酬，這讓他在心態上總會落入對數字的計較跟放不下。太太常說：「你怎麼連一天的假都捨不得休，生活不應該是這樣的。」當時一放假他就變得懶散，對工作充滿抱怨。自從他們開始跑步之後，他才發現原來生活中還有兩人共同的快樂。

和太太一起到福和橋國手之道練跑。

後來跟著一群人一起跑步，更發現快樂其實很簡單。跑完後，心裡的滿足與快樂，真的難以形容。原來，快樂不需要花很多錢。久而久之，工作之餘就會很期待跑步的時刻，也讓他改變了面對工作的態度，將心態調整到盡力工作、一切隨緣不強求。

後來發現收入並沒有比疫情時期差，開始接受自己的現狀，隨遇而安，這就是跑步帶給他最大的收穫，而且欣芳也因為跑步改善了多年偏頭痛的困擾。

跑步軌跡圖畫出樂趣　路線全都錄

買了第一支智慧型手機後，太座推薦下載NRC這款應用程式，說這可以畫出走路的軌跡圖，感覺很有趣。於是，他們開始利用下班晚餐後的時間一起出門散步。起初，一週只出去一到兩個晚上，每次大約三十至四十分鐘，路程大約三至四公里。後來，他們逐漸增加到每次五十至六十分鐘，距離也拉長到大約四至五公里。

因為這樣，他們才有機會經過許多以往沒走過的巷弄，看看不一樣的環境，也開始慢慢體會到運動流汗後帶給人的愉悅感受。回家後一起看著軌跡圖，真的還滿好玩的。

後來因朋友聊起家裡附近的興隆公園，前總統常常去那裡跑步，於是他們增加了里程，嘗試到興隆公園外面繞圈，發現很多人都在那裡跑步、聊天、散步、遛狗。他們慢慢將距離增加到六、七公里，雖然有點辛苦，但也慢慢累積了不少里程。偶爾，他們會從木柵沿著河濱跑到公館，差不多十公里，真的很累人，卻也沒有特別想放棄。不知不覺地，慢跑漸漸融入生活之中。

不久後，經朋友介紹，他們加入了視障跑團，就這樣持續跑步至今也五年多了。

跑團集眾志　小卒仔也會變英雄

鴻祥一直對日本作家村上春樹的一句話非常有感：「不管全世界所有人怎麼說，我都認為自己的感受才是正確的。無論別人怎麼看，我絕不打亂自己的節奏。喜歡的事自然可以堅持，不喜歡怎麼也長久不了。」

鴻祥是一位視障跑者，對他來說，跑步並不像一般人說的是享受孤獨、是一個人的事。相反地，跑步對他來說是兩個人甚至一個團體的事，需要他人的協助和支持。

他首先當然是感謝太座拉著他出門，接著加入視障跑團，最先遇到的就是一對跑馬夫妻 George 和 Rachel。那時要鴻祥跑十公里，是件相當辛苦的事，George 和 Rachel 為了幫助鴻祥突破這個距離障礙，常常利用假日找一些朋友帶著鴻祥和欣芳一起跑步。就這樣，鴻祥和欣芳的初半馬，在大家的鼓勵和陪伴下順利完成了。

鴻祥也很感謝耕跑團跑友 Alan（視障陪跑員）和薑君（二星退役中將，也是視障陪跑員）。Alan 帶鴻祥進入耕跑團，第一次團練跑步，鴻祥就獲得了極大肯定，大夥對跑步的價值觀很相近，鴻祥也開始接觸跑步成績及速度的討論。當時 Alan 鼓勵鴻祥慢慢跑，有跑完就好，並提醒跑步要專心，適時留意姿勢的調整，還會一直告訴鴻祥要如何享受跑步的過程，譬如沿路風景很美等等。Alan 整整花了一、兩年的時間，每個星期天都無條件帶著鴻祥一起跑步，陪他完成了初馬，並在沒有壓力的情況下，跑出目前最好的全馬成績。

薑君則是為了配合鴻祥的速度，每週帶鴻祥跟著適合的組別練習間歇。薑君知道鴻祥的視力非常微弱，所以跑課表時會沿路一直提示路況，也會交代其他共跑的組員照顧鴻祥。鴻祥從沒想過以這樣的視力狀況也有

開始跑步以來，已養成週日比平日上班更早起的習慣，跟著 Alan 哥學習關於跑步的知識。

機會嘗試間歇訓練，在薑君和大家的幫忙下，鴻祥可以很安心地跟著跑，能得到一位幽默又兼具實力的前輩如此疼愛跟關照，真正讓鴻祥感到溫暖。

要認真跑步　但不要被跑步綁架了

鴻祥並沒有特別的訓練方式，一切都是以身體健康、心情愉快為出發點。因為工作時間的關係，再加上工作本身也比較消耗體力，目前只能做到每個月跑量維持在兩百公里，每週跑三至四天，包括一天耕跑團間歇訓練和一天福和橋長距離，另外加了一天固定重訓課程，另外也開始嘗試學習游泳。

跑步之餘，鴻祥也相當重視要留一些時間聽音樂，並且好好吃飯、好好睡覺，畢竟休息也是訓練很重要的一環。健康無價，希望透過跑步的訓練讓自己的身體機能可以維持，也因為跑步的關係更了解自己的身體，讓跑步成為生活重要的一部分。

完成與陪跑員朋友的約定，前往福隆玩水。

談及對跑步抱持的心境及堅持下去的理由，鴻祥還在摸索的階段。剛開始總是一頭熱，無論如何一定要找出時間跑步，加上朋友總會從旁給予很多鼓勵和支援，除了「跑者是防水的」、哪種鞋子跑得比較快、跑步姿勢應該怎樣才對，還會告訴他們應該如何補給、什麼廠牌的能量包比較好。

對鴻祥而言，這些都是從來不知道的事情，十分新鮮有趣。漸漸地，他和太太開始在雨中跑步，也在大熱天跑步，買過許多鞋子，也看過許多網路文章和影片，竭盡所能想要了解和學習跟跑步有關的事。

慢慢地，開始出現許多沒辦法出門跑步的原因，好比嚴重的睡眠不足、有事情趕不上練跑時間、颱風要來了、生病感冒等。這些出現在日常生活中的阻力，都是非常真實的，於是只好妥協，重新排列組合，最後才找到一套屬於自己的生活規律。

從一開始進入跑步的世界，一直追求與它有關的一切，漸漸地反而被各種數字、成績、課表及活動所制約，最後又渴望從這些束縛中跳脫出來。

跑步正能量　走出陰霾享受藍天綠地

目前鴻祥和欣芳完成了大約十三場半馬和兩場全馬，他們沒有特別追求成績，但慢慢進步的感覺很好。

鴻祥認為跑步是很好的運動，穿上跑鞋就能立即出門，可以享受早上清新乾淨的空氣，也可以欣賞傍晚美麗的夕陽；可以一個人享受孤獨、思考沉澱，也可以呼朋引伴一起訓練、吃吃喝喝。

跑步是一段自己與自己相處、跟自己對話的時間。跑步也是一個與其他跑者共同學習的空間，養成習慣以後可以幫助自己自律，對身心健康非常有益。每一次運動後所感受到的那種心理上的滿足，真的是無價。

在鴻祥的生活當中，有兩位非人類的好朋友：音樂跟跑步。它們就像是最天然、最有療效的特效藥，只要打開耳朵、邁開步伐，任何不好的情緒都可以化解。

因為視力不好，鴻祥以前常常覺得自己失去很多，但開始跑步以後，懂得追求身心的平衡，感覺自己獲得很多。他尤其感謝所有陪跑的人。跑步在他的生活裡注入了滿滿的正能量，他會堅持繼續跑步，也希望將來能有更多的時間，有機會跑更多一點。

他也相信科學的數據分析，認為這對自身狀況很有幫助。認真訓練，但不強求，凡事量力而為，希望隨著年紀的增長把身體的狀況維持好，不要造成自己與別人的負擔，這也是他運動最大的目的。

鴻祥相當崇拜村上春樹，也始終記得他書裡的一句話：「終點線只是一個記號而已，其實並沒有什麼意義，關鍵是這條路是如何跑的，人生也是如此。」

跑步是一段自己與自己相處、
跟自己對話的時間。

——洪鴻祥

加入視障夜跑團，開啟鐵人奇幻旅程

——古奇哲

他看不到，卻「能游、能騎、能跑」，是第一位完成二二六超級鐵人賽的視障朋友。他來自中央山脈、海岸山脈、秀姑巒溪所擁抱的「花蓮」，自一九九七年北上到新莊在職訓練後，從此跟台北結下了不解之緣。

他是視障鐵人——「大牛」古奇哲，至二〇二三年為止，跑齡七年，最佳二二六超級鐵人三項成績十四小時四十八分，最佳全馬成績四小時四十三分，最佳半馬成績兩小時零三分，最佳十公里成績五十四分鐘。會被叫做「大牛」，是因為生肖屬牛，大牛也笑說想改綽號，因為被叫牛，怕愈跑愈慢。

人們都說「白天不懂夜的黑」，但對大牛而言卻是「白天、晚上一樣黑」。其實大牛並非天生看不見，他是隔代遺傳視網膜色素病變，一種基因遺傳的疾病，大牛的父母就不是視障。在國小、國中、高中階段，他還和一般學生一樣可以正常活動，只有在光線不太足的狀況下，才會看不清楚。大牛描述那種感覺就像是看電視和看電腦螢幕的亮度不足，求醫後得到的答案都是隔代遺傳視網膜色素病變無法治癒，二十七歲後就因視力退化而逐漸看不見了。

重建院遇見愛　突破心中的那道坎

因為眼睛看不到，即使考上了台北的學校，但怕一個人生活會有很多不便，大牛選擇放棄就學，轉而直接就業。他和表哥一起做過新建大樓的水電工程，也和舅舅一起去做南橫公路隧道、擋土牆和紐澤西護欄的工作，但最後都因視力問題恐有危險而離職。

大牛必須學習謀生技能，經由漢聲電台，他得知台灣盲人重建院可以協助視障者就業，於是去學習按摩技術、盲用電腦及鋼琴調音，學習時間是兩年（現在改成一年或半年）。兩年的好處是老師的經驗傳承比較豐富，大牛結業後，先在重建院出版社工作了七年，目前則是專業按摩師，在江子翠視障者按摩院服務。

在重建院裡，大牛學會了生活自理與廚藝，也在這期間認識了另一半。重建院有二十八位同學，其中有四位女生，剛巧大牛就對一位女生有好感。說起來就是緣分，因為不管是分組學習，或是分配到洗飯後餐盤工作，大牛都和這位女孩編在同組。大牛生性開朗，但當時不敢有所表示，毫無戀愛經驗的他，心裡有一道坎，覺得自己是個視障者，憑什麼去追求別人？

他不敢採取行動，只是默默地喜歡著女孩。後來同寢室的男同學發現了，索性把房門鎖起來，不讓他回房，逼得他只好去找那位女孩，也就這樣牽起友誼的橋梁，進而結為連理。大牛的牽手是玉玲，罹患青光眼而導致全盲，和大牛同樣是視障跑者。

可愛導盲犬相依相偎　稍離寸步就犯躁鬱症

夫妻兩人都是視障，大牛出門只能依賴導盲犬的輔助。說起導盲犬，大牛流露出興高采烈的神情，畢竟除了太太，與他最親密的就是導盲犬。二〇一二年暑假，當時還未參加跑步活動的大牛和 Alex 見面了。Alex 是一隻黑色拉布拉多導盲犬，非常黏人，牠和大牛朝夕相處了六年，因年紀太大不得不退休，轉往寄養家庭。

帶著第一隻導盲犬 Alex 跟老婆一起回花蓮老家。

有一次，大牛在萬隆工作，中午用餐時間去買便當，順手把 Alex 放在休息室，擔心冬日寒冷，還貼心地幫 Alex 準備了小墊子。沒想到他回來後，發現 Alex 把墊子咬破了。

還有一次，他帶 Alex 參加南投馬拉松，要先去民宿住一晚。大牛把 Alex 綁在沙發床旁，一早就去跑馬拉松了。可能因為路跑時間太久，Alex 以為大牛不要牠了，就把椅子和沙發咬破，讓大牛哭笑不得，還要陪店家錢。

他從來沒想過，原來狗狗也會有躁鬱症，但可愛的是，Alex 一直把大牛放在心上。

大牛說，Alex 有四兄弟，顏色是三黑一白，三隻黑的都當導盲犬；白色那隻因為髖關節問題，沒辦法通過篩選，去了寄養家庭，有一次帶去公園，可能吃到毒餌，就死了。

看不到卻能游、能騎、能跑　開啟人生奇幻旅程

雖然眼睛看不到，造成行動不方便，但生性樂觀的大牛並未因此氣餒，反而開啟了人生另外一個旅程。二〇一五年的春天，在上帝的巧手安排下，大牛來到了台大視障夜跑團，展開收穫滿滿的人生下半場。

大牛很感謝同為視障者的太太，她為了健康而跑步，後來夫妻倆一起參與跑步運動，原本是一週跑一次，現在幾乎週週滿檔。當時的大牛是一位非常穩重的中年男人，體重高達八十幾公斤，跑沒多遠，

心肺就開始吶喊，他在內心不斷和自己對話，到底是要放棄還是繼續呢？當然大牛還是選擇了後者。但要繼續也沒那麼簡單，必須付出代價，練習的量跟強度很重要，再加上大幅調整飲食，身體才慢慢漸入佳境。最明顯的改變是體重少了二十多公斤，體能也明顯變好了。

在視障團，每位視障朋友都以配對方式練跑。陪跑員的時間不一定每次都搭得上，因此一位視障朋友大約需搭配至少五位陪跑員。夫妻兩人陸續加入耕跑團、信義跑團、新莊跑團，平日就和陪跑員練跑，很多陪跑員都很有愛心，也會約假日長距離練習。

這個時候出現了一位非常重要的人物，也就是帶大牛踏入鐵人生涯不歸路的推手——林國書老師。

每週一次的長距離訓練，不管狀況如何，努力把課表吃完。

國書老師是大牛的陪跑員之一，在台大視障團練跑時，國書老師聊到鐵人三項，問大牛會游泳嗎？大牛說會啊！國書老師又問：「要一起去運動中心游泳嗎？」大牛當然一口答應，有人帶，何樂不為？國書老師說大牛游得不錯，過了幾個星期之後，他又問大牛要不要參加一場鐵人比賽？大牛覺得自己還沒有準備好，需要仔細考慮。

二〇一六年，林國書老師和林詠晴老師利用大牛參加南投馬拉松的機會，在兩天一夜的行程裡不斷遊說。大牛在失明前是會游泳的，只是很久沒有游，他也覺得可以嘗試挑戰，練習練習應該沒問題。

後來國書老師分析完賽時間，五一五標鐵的游泳距離是一千五百公尺，關門時間只有五十分鐘比較緊迫；一一三半超鐵比賽的距離是一千九百公尺，但關門時間是九十分鐘。後者距離只多了四百公尺，時間卻足足多了四十分鐘，於是勸說大牛選擇後者。大牛想了想，的確是如此。

就這樣，南投馬回來後，大牛決定挑戰人生第一場鐵人三項。

第一次鐵人賽多波折　眾人相助才成行

國書老師和詠晴老師選了二〇一七年四月的普悠瑪鐵人賽，並由國書老師寫信詢問主辦單位，視障者可否參加這場賽事。普悠瑪主辦單位直接打電話來回覆，因為之前沒有視障朋友參加過，想確認參賽需要什麼協助。後來，主辦單位不僅開了先例，讓大牛參賽，還贊助了報名費。他們把特別的0號作為大牛的參賽號碼，並且連同三位陪賽員都有報名禮和完賽禮，相當佛心。

大牛的第一場鐵人賽並不是那麼順利。決定參賽後，開始規畫練習時間，但其中有個很大的問題是

為首次參加鐵人二二六比賽，跟國書老師在河濱國手之道練跑。

單車。練習及比賽時的協力車，他們找了展翼視障天使協力車隊跟阿甘視障協力車隊，但兩個團體都說不方便出借車子。後來發現這些協力車都是功學社的車，於是國書老師寫了電子郵件請功學社幫忙，但是過了兩、三週，都沒有收到回覆。他再發一封信，又過了一週還是沒有回音。距離比賽日愈來愈近了，他發了第三封信，並在隔日打電話過去詢問。

國書老師很客氣地詢問，告知寄去的郵件可能被擋掉而未收到回覆。接電話的人也很客氣，表示他們有收到郵件，並安排了取車的時間。國書老師跟大牛到桃園時，是功學社單車校長謝正寬先生親自接待。因為功學社襄助單車，才讓大牛的第一次鐵人賽成行。他們練騎了三次協力車就正式上場。

此外，游泳也是需要克服的難題。游泳不同於跑步，跑步有人帶著跑，不致於太危險；但人在水裡可不是開玩笑的，萬一有什麼閃失，後果不堪設想。但國書老師終究想出了好辦法。大牛游蛙式，不像自由式可以用手繩輔助，因此就讓大牛游在前頭，國書老師跟在後方。當大牛偏右了，國書老師就拍大牛右腳；偏得很歪時，就拍兩下讓他快修正。偶爾在大牛抬頭時，國書老師會輔助用喊的。就這樣，練習時間只有兩、三個月，他們各自也都忙，實際練習次數並不多，比賽日很快便來臨了。

加入跑團勤練習　打響「視障鐵人」名號

為了準備這場鐵人三項比賽，國書老師、詠晴老師帶大牛參與了耕跑團和瘋騎雲泳的團練，認識了很多跑步跟鐵人三項的好手，包括後來加入陪練比賽的王煥棠、池哥、甘子威。

大牛至今已經跑了超過三十場全馬，完成了多場一一三公里超級鐵人三項賽事，以及至少五場二二六公里超級鐵人三項賽事，幾乎年年參賽。在過程中，大牛受益良多，也跟大家一起參加了無數的馬拉松、鐵人比賽。大牛表示，跑團氣氛非常融洽，有一種享受其中的感覺，他喜歡和大家一起練習、參加比賽。

大牛從沒想過自己會被冠上「視障鐵人」的名號，只是單純享受那種和太太一起跑步運動的時光。夫妻平時常一起練跑，也一起參加路跑賽。

二〇一六年十月二日，大牛挑戰了他的初馬——新月橋馬拉松，這場賽事只辦了一屆就沒再辦了，是大牛記憶深刻的初馬。

當時陪跑員有兩位，其中一位是他的高中同學「豆花」。起跑後，因天氣很熱，第一位陪跑員帶至十公里左右換大牛同學上場。起初都很順利，但至十七公里時，「豆花」抽筋了，這下可好，只能傻傻地站在原地等，此時正巧有位熱心的大哥問說可不可以由他來帶大牛，就這樣走走跑跑完成了初馬。同場賽事有三位視障朋友報名全馬，但天氣真的太熱了，最後只有大牛完賽。還好有熱心人士幫忙，大牛說他可不能成為第一位沒有完成初馬的視障選手。

大牛進步得相當快，此役之後，緊接著是一個月後的南投馬拉松。十一月二十七日，一群陪跑員陪同視障朋友共四十幾人，搭著遊覽車到南投參賽。大牛跑很快，拿下視障半馬組第二名。

二〇一七年一月十五日，大牛在生日當天跑金門馬破五，他覺得這是給自己最好的生日禮物。二〇一七年三月埔里山城馬，夫妻檔全馬及超半馬一同上凸台，分別拿下視障組全馬及超半馬的第二名。

大牛依稀記得二〇一七年埔里山城馬，當時才剛接觸跑步，還是個菜鳥，不知道如何消除疲勞，也不清楚正確的訓練方式，由於跑量太大，他受傷了，但還是帶傷參賽。跑到七至八公里時，腳就開始不舒服，但他還是堅持跑完全馬。

緊接著一週後又參加萬金石馬拉松，依然是帶傷上陣，雖然很想完賽，但天不從人願，大牛跑跑走走，當時的賽制是必須在五個半小時完賽，大牛在三十六公里處被回收了。這場萬金石馬拉松也成為大牛唯一沒有完賽的比賽，他一直耿耿於懷。

隔年，大牛再次挑戰萬金石馬拉松，準備雪恥。起跑後，國書老師帶大牛跑得很快，跑到折返點二十一公里處，只花了兩小時多一點，結果國書老師竟然抽筋了，只好以跑加走的方式硬撐。兩次的萬金石馬拉松，大牛都沒有留下好印象。

跑步優化生活　夫妻相處融洽充滿幸福感

提及跑步的收穫，一般人都會說是健康，但跑步最令大牛開心的是交到很多很好的朋友。大牛表示，視障朋友生活圈很小，如同他這樣，面對的大都是按摩的客人，客人也不會聊很多。而他每天工時都很長，沒什麼時間陪太太，但經由跑步，讓夫妻倆在工作之餘可以與人聊天、運動，不僅打開了視野，也多了一分情趣。

大牛也會和太太一起參加比賽增進情感。玉玲是彰化人，有一次他們選擇鹿港馬拉松一同參賽，這也是玉玲的第二個全馬。大牛信誓旦旦要擔任太太的配速員，但這次帶玉玲的陪跑員是大牛的小姨子，跑到一半身體不舒服只能降速，還好在關門前完賽，這也夠小倆口說嘴一輩子了。

大牛因為「跑步」而突破了許多限制，樂觀、開朗、正面的態度感染了周遭的人，也為視障朋友打開了另一扇窗。看不到卻「能游、能騎、能跑」的故事，被各大媒體傳頌，跑步改變了大牛的一生，如今他投入視障代言人及親善大使的工作，以跑步結合

二〇一六年，第一次跑國道馬拉松。

公益，協助「視多障」、「家扶中心」、「扶輪社」等單位募款，並用自己的雙腳參與盲人環台路跑。雖然他看不見，但心很寬廣，他堅信自己微薄的力量，定能讓社會看見，激起漣漪。

鐵人賽的練習跟比賽，動用了許多有愛心的陪練員與陪賽員，大牛相當感謝這麼多人的付出，才能讓他在看不見的情形下，游三．八公里、騎一百八十公里，再跑四十二公里。

他也想呼籲所有跑者，當大家跑在賽道上或河濱或任何地點，遇到視障朋友打招呼的時候，在跟視障朋友打完招呼之後，請順便說「我是某某人」，不然視障朋友真的猜不出來你是誰，無法抱以熱烈的回應。這對彼此來說，都很可惜呀！

跑步最開心的是
交到很多很好的朋友。
——古奇哲

全家總動員，投入跑步公益散播愛

——邵仕剛

邵仕剛，熟悉他的朋友及學生叫他「邵爸」（耕跑團名號），也有人會叫他「邵老師」。邵爸是軍人子弟，父親是將軍退伍，也期待他讀軍校，但他不想被束縛，父親最終選擇尊重。

邵爸大學念的是中興法商夜間部，半工半讀完成了學業，也存了點錢，畢業後就到美國留學，圓了他在高中時的夢想。回國後，到健行工專教書，從健行工專時期一路教到學校改制健行科大，轉眼已近三十年。

邵爸的太太在高中教書，女兒讀北科大經管系，兒子讀北市大音樂系。兒子是全家第一個進入「耕跑團」的成員，接著是老婆，再來是女兒，最後才是邵爸。兒子曾是家中跑最快的人，十公里只需要四十分鐘。

會迷上跑步這項運動，還真的是邵爸的一趟驚奇之旅。二〇一九年的某一天，老婆問：

「老公，假日你要跟我去跑步嗎？」

「幾點起床？」

「五點。」

「如果有一天我瘋了，就會跟妳去跑步。」

雖然邵爸很喜歡看運動賽事，從美式足球到棒球，從射飛鏢到撐竿跳，什麼運動都愛看，但就是不愛自己做運動。假日讓他五點起床，對他來說根本是天方夜譚。

說了幾次之後，老婆也完全放棄他了，接著便找了當時讀國中的兒子，沒想到兒子居然也迷上跑步了。邵爸心想，這兩個人是不是瘋了？一早五點，從永和騎著 YouBike 到台北永福橋河濱。邵爸想著，就看他們能堅持多久？一年、兩年，時間就這麼過去了。直到二〇二一年的一個晚上，兒子跟他說：

「爸比，那天我騎車騎在馬路上好危險喔！」

「怎麼了？」

「因為早上天很暗，一輛車子從我旁邊經過，差點撞到我。」

這下子邵爸可緊張了，疼愛兒子的心大噴發，以前老婆騎車，邵爸都沒感覺，但兒子這麼一說，立刻讓邵爸陷入掙扎，最後做了個決定，跟老婆說：「好啦！以後我就接送你們來回。」母子兩人開心得不得了。回想起來，邵爸合理懷疑自己是被他們給設計了。

既然邵爸也來到了河濱，老婆索性就說：「老公，你也一起跑吧！」

邵爸說：「你們不要管我，跑自己的。」

邵爸心裡想，跑步有什麼難的？不就是腳抬起來往前進嘛！於是，他一個人往前跑了二．五公里。但這個初體驗可真是累死了，一想到還要走回去，心更累。

接下來的幾週，邵爸從五公里、十公里、十五公里到二十一公里，最後在二〇二一年的台北馬拉松跑了人生第一場初馬，以三小時五十五分五十秒完賽。初馬就破四，從此愛上了跑步。

人生充滿著快樂、自信與希望，邵爸浪漫地表示：「如果人生像一部可以穿越的韓劇，希望更早進入跑步的世界。」

他感謝老婆帶他進入跑步的世界，更重要的是，全家四人現在有了共同的興趣與目標，這不就是人生最美最幸福的一件事嗎？更別提，短短兩年內，邵爸的體重從六十九公斤變成了幸福的五十九公斤。

二〇二二年三月，他和太太一起完成萬金石全馬，一起出發，一起牽手抵達終點，邵爸非常歡喜與享受地完成了一場「婦唱夫隨」的全馬賽事。這是他的第二場全馬。

人生第一場半馬——二〇一九年渣打半程馬拉松，當時體重七十公斤，事先只在公園跑一圈就去參賽了。

點點滴滴上心頭　學會尊重每一場賽事

二〇二二年對邵爸來說是艱困的一年，他很感恩一些人的幫助，讓他能平安度過難關。

那年五月，邵爸確診COVID-19，後遺症是跑起來很喘，而且在靜止的狀態下，心跳都在一百以上。偏偏在此時，他也發現母親有了失智的癥狀，每天多達二、三十通的電話，讓邵爸疲於奔命。如何在兼顧工作的情況下把母親照顧好，是邵爸要面對的壓力。他非常感謝長照服務的協助，讓他能在下班後再接手照顧母親的工作。工作與家務兩頭燒，患有類風濕性關節炎且服用了十五年藥物的邵爸，在七月做了個小手術，也休息了一個多月沒跑步。那種「想跑而無法跑步」的心情，跑馬的人最能體會。儘管醫生不希望他再去跑全馬，邵爸依舊在八月底開始恢復練跑。

那年九月底，邵爸參加了人生第三馬蘇花馬，但也是最沮喪的一馬。那天一大早就從台北出發至宜蘭，抵達時已經大概凌晨五點多。由於是六點起跑，而且配合團體行動一起下去，所以時間很急迫。偏偏比賽那天下了滂沱大雨，他隨便穿了一雙跑鞋，前半馬都覺得很順，跑到粉鳥林至漁港的路段，產業道路上全是水坑，完全閃不開，兩隻腳全濕了，鞋子濕了之後特別重，腳也容易磨出水泡。

當下的他，半馬過後完全喪失了往前進的動力，也完全否定了自己，「還有能力跑嗎？對自己太有自信了吧？」雖然最後在五小時內完賽，但他完全失去了信心，心裡直犯嘀咕，覺得自己為什麼要來跑這樣的馬拉松。自從跑步以來，從沒這麼沮喪過。尤其後半馬大多是上坡，又穿著濕濕重重的鞋子，每跑一步都是煎熬。

邵爸就這樣走走跑跑撐完這場比賽，比初馬整整多了一個小時。跑完之後雨更大，邵爸安靜地回到帳篷，臉上沒有任何的沮喪之情，內心卻是壓力超大超難過。這是一場他想要「棄賽」的賽事。

邵爸終於了解該如何「尊重每一場賽事」，要以什麼樣的心態參賽，才能跑出更好的自己。而不是覺得自己已經破四了，一定會跑得比之前更好。如果是這種心態，就很容易被賽事打倒，因為沒有人會永遠站在巔峰上。

緊接著是第四馬、第五馬的烏來馬與板橋馬，邵爸依然跑得很掙扎，完全感受不到當初清晨跑在河濱跑道上的快樂。參加賽事對他來說成為一種痛苦，甚至開始懼怕賽事。因為邵爸太在乎成績，卻一次又一次跑不出好成績。這讓原本擁有許多正能量的邵爸，逐漸將負能量加諸在身上。他決定開始沉澱自己、放空自己，歸零，回到原點，並與心中的自我對話：「我要找回原來的我。」

就在此時，邵爸剛好有個機會進入「耕跑團」群組，參與一些活動與訓練，感受到這個大家庭可以給人動力。拚出好成績當然是每個跑者的希望，但這個團裡散發出一種「共好」的正能量氛圍，在有計

參加耕跑團福和橋河濱二〇二二年雙十國慶團練，當年十一月十七日入團。

畫、有目標的團隊訓練下，耕跑的目標是讓大家一起變好。邵爸在這裡看到的是一種鼓勵，而不是一種競爭與比較。

現在的邵爸，心中有個新夢。以前不知道什麼叫BQ，知道之後也不覺得跟它有什麼關係，直到團長黃張維（海膽）在某個晚上殷殷切切地說明，真摯地期待大家一起去圓一個百位波馬團的夢。邵爸感受很強烈，為何那個男人有這麼大的熱情、有這麼多的期許？為何他敢設下一個這麼高的目標？就在那一晚，邵爸完完全全被那個男人感動了。他告訴自己，雖然已經六十歲了，但他希望可以一起去圓這個夢。

全家總動員　韓國首爾馬、台北馬驚喜連連

生命常常給人一些驚奇，可能是好的，可能是不好的，但終究要誠實面對它。

自從展開跑步的生活，兩年來邵爸從未感冒過，沒想到就在全家前往韓國首爾馬的前三天，邵爸竟得了重感冒。心中已做好只要完賽的打算，好好感受人生第一次海外馬。沒想到團長海膽知道後特別私訊，介紹他去一家診所吊點滴。打完之後感覺精神好多了，首爾馬當天完全忘了自己是個病人，頂著太

陽死命衝進蠶室體育館，居然三小時四十五分四十七秒達ＢＱ了。

但最後二〇二四年波馬的入選成績標準向上修正了近六分鐘，邵爸被刷掉了。他並不難過，反而在整個過程中收穫滿滿。

然而老天又打開了另一扇門。二〇二三年十二月十七日的台北馬拉松，由於邵爸和女兒的全馬最佳成績差不多，他們早早就決定一起跑這場重要的賽事，也做了一些練習配合與測試，做好所有該準備的事。重要的是，他們都有信心完成目標。開跑後，一路穩穩地配速，只有一至兩秒的差距。沿路邵爸幫女兒拿水擋風，他們分享彼此口袋中的補給，一人吃一半。

由於穩穩的配速，兩人的狀況都很好。出了水門，到了四十公里後，邵爸感受到一點疲憊與腳步的沉重。

邵爸當機立斷說：「耘耘，妳自己衝出去。」

女兒問：「爸爸怎麼了？」

邵爸說：「沒事，只能保持配速，但無法衝了，女兒妳可以衝，衝出去。」

女兒聽話地穩穩往前衝。看到女兒的背影慢慢離他遠去，一方面追著她，一方面也為她感到高興，「女兒妳做到了，妳是我的驕傲。」

到了南京東路，邵爸加快腳步，但總覺得南京東路怎麼這麼長。直到終於看見小巨蛋的一角，邵爸奮力往前衝，高舉雙手以三小時三十四分衝進拱門。成績超越BQ標準相當多，肯定不會再被刷掉了。他向賽道鞠躬致意，看到了女兒就擁抱著她，流下激動的眼淚。

邵爸證明了自己，也讓幾位不看好他的人跌破了眼鏡。最後得知女兒以三小時三十三分完賽，除了高興，也很驕傲他們父女同心協力一起完成了目標。

二〇二三年七月，首爾市區二十一公里海外探索自主訓練，全家第一次出國旅跑。

馬拉松三目標：達BQ、半馬破百、全馬破三三〇

邵爸跑馬拉松有三個願望，第一是達BQ，第二是半馬破百，第三則是全馬破三三〇。當他在二〇二三年台北馬拉松大破BQ之後，便想著一定要乘勝追擊，把握良機，一舉達成半馬破百的心願。所謂「天時地利人和」，二〇二三年渣打馬拉松在台北馬比賽前的十一月辦了一場賽事，邵爸選擇跑半馬，並

以一小時四十二分完賽，完賽後的感覺很好也很輕鬆。

渣打在隔年二〇二四年的二月又再辦了一場馬拉松，當邵爸在二〇二三年台北馬完成達BQ的心願後，當天晚上他決定將自己報名的二〇二四年渣打全馬改成半馬。他想以接下來的兩個月訓練自己，完成半馬破百的心願。最後，他也如願以九十七分的成績完成了跑馬拉松的第二個心願。

如今，邵爸只剩下第三個心願全馬破三三〇尚未完成。目前他除了身兼視障陪跑員，也在每週四耕跑團團練時，降速來帶領跑步新手練習間歇課表。他期待未來完成破三三〇的心願後，能帶著大家一起去圓夢，例如全馬破四、半馬破二、達成BQ及參加盲人環台賽等，不斷推動耕跑團「共好」的目標，並提供正能量給跑者。

陌生的軍人父親　一生追尋的身影

跑馬需要極大的耐心與毅力，這股毅力也反映出父親對邵爸的影響。說到父親，邵爸是相當害怕的。直到父親離世，邵爸才知道自己如此敬愛又佩服父親。

邵爸的父親是將軍，在小學四年級以前，他一年只見父親兩次，因為父親不是在金門就是在馬祖，不是在馬祖就是在澎湖，只有過年和暑假各回來一次。因此邵爸從小就住在外公家，媽媽是老大，邵爸又是長外孫，舅舅、阿姨都非常疼愛他。

邵爸對父親很陌生，幾乎沒有什麼互動，反而外公、外婆、阿姨，都是在他調皮惹事後幫忙善後的好幫手。邵爸也喜歡跟著外婆去市場，喜歡看人家叫賣，跟商家要一根蔥或一顆蒜，這些有人情味的習慣，都是傳承自外婆。

直到邵爸四年級時，父親調回桃園陸軍總部。父親回來台灣了，但邵爸十分害怕父親。

有一次，邵爸帶著雨傘回去，未按父親要求將傘尖朝上擺放——父親說過，雨傘這樣子擺，讓水順著流下去，會比較快乾——但這時邵爸的阿姨剛好也到家裡玩，和邵爸以相同的擺法放傘，邵爸就講了一句：「阿姨的傘可以這樣放，為什麼我不可以？」結果就因為頂嘴，被父親一巴掌打過來。這是父親第一次打他，也是僅有的一次。

從那時候起，他好怕在父親面前犯錯。他發現自己可能永遠無法達到父親的期望，所以能閃就閃、能躲就躲。長大後，邵爸覺得不能再這樣下去，要學會去面對問題、解決問題。無論能不能解決，都選擇去面對。做錯就做錯，還是要面對失敗。這也是邵爸人生的轉捩點。

直到父親過世後，母親才告訴他：「爸爸很後悔打你一巴掌。」

二〇一〇年，父親離開了。邵爸首次感受到什麼是天塌下來的感覺，他像是一個沒有靈魂的人，只是活著。父親後事完成後，他整個人也失去了重心，這段時間一直堅強地撐著，此刻卻是失了魂地痛哭。回到學校教書，每天像個遊魂般到教室上課，下課回研究室就哭，這樣的場景每天不斷重複著。

直到某天上課，有一班大一的同學，每人寫了一封信給邵爸，其中一封讓他印象深刻，也震醒了他。這位同學說：「我記得老師在課堂上告訴我們，讓我們要學會接納與放下。我知道此刻讓老師做到很難，因為我自己也可能做不到。但請老師想想你身邊還有其他家人需要你，我們都希望老師可以快快振作起來。」

邵爸邊看信邊落淚，這群學生以邵爸教他們的東西來教他，他覺得不該再把自己困在失落與悲傷裡，必須要面對悲傷，必須要走出去。他謝謝這些孩子，帶領他跨越走出悲傷的第一步。

「跑步公益」融入生活　每跑一步都是愛的延伸

至於「跑步之外的興趣」，邵爸是個很喜歡體驗不同生活的人，他喜歡音樂，擔任過弦樂團會長，帶著樂團的孩子到各地去義演。從八里教養院到宜蘭聖母醫院，從花蓮門諾醫院到奇美博物館（幫台東天主教醫院募款），也到南投仁愛鄉，孩子們和「親愛愛樂」一起演出，利用演出交流為這些原住民孩子募集教育基金，藉以協助他的好友陳佩文與王子建老師減輕負擔。

五年前，邵爸在西門町紅樓的「河岸留言」開過演唱會，圓了人生的另一個夢。他把國中到研究所的同學找回來，把畢業一年到畢業二十五年的學生找回來，把他的好友找過來，因為他想在自己還很帥氣的時候見見大家，把大家的捐款全數捐給「親愛愛樂」。

邵爸也贊同「跑步公益」，並於二〇二三年加入「台北市長跑扶輪社」，參與社內「超馬盃」、「長明賞」、「望岳基金」、「公益跑班」等多項活動，以雙手奉獻、雙腳實踐的方式，作為台灣長跑界選手的堅實靠山。他也為耕跑團因車禍生活陷入困境的跑友募款，把「跑步公益」落實到自己的生活中。

參加二〇二四年台北科技盃公益路跑，人生第一次參加視障陪跑賽事，帶領視障跑者圓夢。

如果人生像一部可以穿越的韓劇，
希望更早進入跑步的世界。

——邵仕剛

大齡算什麼，小龍女抬頭向前跑

——林詠晴

人到了某個年紀可能會開始思考，人生的意義是什麼？她想，或許把六十歲的自己活成一個典範，這就是很棒的人生意義了。她一直期望自己成為一個有影響力的人，每年也都這樣跟天上的爸爸講。

其實她已經一直在這條路上努力了，透過瑜珈教學，透過自己努力保持好體能，可以在運動保健上對同學產生正面影響，即使只是十個人、一個班、兩個班、一百個人、一千個人，為自己健身，大家一起努力變更好！她就是喜歡唱歌跳舞的瑜珈老師、跑者、鐵人「Sunny 老師」——林詠晴，很少人看得出來她已經當奶奶了，容顏和身材幾乎看不出來歲月的洗禮。

古人說得好——「老當益壯」，想擁有優雅、漂亮、活躍的老年，最基本的條件是身體健壯。人生無法講公平，無論來自先天或後天，努力是一定要的！詠晴老師常常對學生也對自己說：「如果你還沒達到你的目標，那你盡力了嗎？」

她會貼標語、字條在牆上，甚至是廁所的鏡子上。三十八歲的「永不嫌遲」已經貼超過二十年了，讓自己每天看，想到就唸個幾次，每天重複。不斷想，可以強化信念，甚至進入潛意識，它會引導她一直向著目標前進。不知不覺中，價值觀帶領她的日常，做她想做的事。

對她來說，想要什麼、追求什麼，這叫做目標，這不叫夢想。她認為「夢想有點像自己的肖想跟胡思亂想」，要到做「夢」想等級，連自己都會覺得真的是在做夢。比如六十歲進女子百傑、國際賽上凸台……這就叫做夢想。

詠晴老師也愛做夢，那些看似遙不可及的想望，看似不可能實現，但她依然會努力追求。既然稱之為夢想，能否達成並不是最重要的。

「目標」和「夢想」這兩者都能推動詠晴老師向前。有目標是一種基本態度，有夢想則讓人亢奮，或在心裡偷偷地笑。那些努力可以達成的目標，如完成一場賽事、達到BQ、全馬破五、破四等等，不管年齡多大，都應該保持期待。不論這些是夢想、願望，還是胡思亂想，絕對不要連想都不敢想。

詠晴老師想在二〇二四年去萬金石拿下女王頭！看了二〇二三年的成績五十五歲組（最多到五十五歲，沒有六十歲組了），必須至少有三小時三十五分的實力才能確保拿到肖想很久的女王頭獎盃。這可得比BQ快上五十分鐘啊！六十歲的奶奶跑者要跑到三小時三十五分內，真的要很努力。

高年級實習生奇幻之旅
三十七歲失婚，五十歲拿碩士學位

三十七歲失婚，扛近百萬負債，帶著兩個年幼小孩，連住的地方在哪、工作在哪都不知道。回頭看這段人生，當時是哪裡來的勇氣啊？然而一想到要和一個不對的人過下半輩子，好可怕！這樣的恐懼更深，深到化為勇氣與力量，「生命會自己找出路」，人生不勇敢不行，無路可退，詠晴老師發簡訊給自己：「小龍女加油！抬頭向前走！」

二〇一四年馬里亞納實習生決賽，年近五十歲當選實習生，各家媒體紛紛加以報導。

第一件事是找住處，再來是找工作，關關難過關關過。就這樣拚命了幾年，在工作跟生活的雙重壓力下，雖然一路往上升，業務經理、店主管、業務總監，但身體每天被疲勞轟炸，全身酸痛到懷疑自己是骨質疏鬆還是得了什麼重病。到醫院做了檢查，也測了骨質密度，還好只是單純過勞。這才體悟到，不運動也不行了。

為了健康，四十歲的詠晴老師選擇看起來比較緩和的瑜珈，想著好好練十年，五十歲時可以轉職教瑜珈。沒想到，才練瑜珈半年多，就在原職場轉教練職，成為全公司年紀最大的女教練。更沒想到的是，這家所謂東南亞最大連鎖健身房，居然倒閉了，只好又轉職成全職瑜珈老師。

詠晴老師四十八歲考上北護運動保健所，並於五十歲那年取得碩士學位。五十歲重返校園拿碩士學位原也是肖想，但夢想成真了！她規畫要在七月如期畢業，八月爬富士山，九月騎單車環島……突然，臉書跳出了馬里亞納觀光局徵實習生，去馬里亞納玩一週，薪六萬。她想著，年底沒有報名任何活動，碩班也畢業了，時間空著……愈想愈心動。

她問了兒子，可以報名「馬里亞納實習生」徵選嗎？心想，「實習生都是年輕人，我五十歲了，可以報名嗎？」兒子說，可以啊！「如果妳進了決賽，我就去幫妳打鼓。」兒子心裡想的是，反正媽媽只是玩票性質，進不了前三名的。詠晴老師自己心裡也想著，要進決賽真難，先報再說。

這網路要靠票選進前三，真的太太太難了，網路投票怎麼跟年輕人拚啊？詠晴老師動用了所有認識的人幫忙投票，甚至到半生不熟的社團拜票，到後來，很多不認識的人也每天幫她投票。「樂活單車團」的秀美姊幫最多忙，用盡所有關係，還每天盯票。就這樣，詠晴老師真的進入前三名了。

決賽當天，媒體看起來有超過二十組人，一堆攝影鏡頭對著舞台。當站在台上聽到自己獲選時，還不太敢相信，秀美姊大聲喊著她的名字時，更是感動到飆淚。多少人的支持，才能站在這裡。

五十歲獲選高年級實習生，這不是原來的目標，也不是夢想，這是生命中美好的偶然。不僅如此，詠晴老師六十歲時，想著若是參加歌唱比賽應該滿好玩的，就報名參加「白沙屯歌唱比賽」，還幸運拿下冠軍。雖然詠晴老師自己覺得唱得不太好，但感謝媽祖和評審的青睞，把冠軍給了她！

四十八歲開啟跑步密碼　從此人生黑白變彩色

跑步這條路，詠晴老師起步很晚。小時候的她被叫「大塊呆」（台語），小胖子一個，又不愛運動，更不要說「跑步」了。

研究所寫報告，主題跟目標設定有關，她記得大概的計畫是，沒有運動習慣的人，目標設定每天要跑走三十分鐘。計畫執行八週後，再觀察四週看保留。當時，這樣的目標對沒有跑步習慣的詠晴老師來說已經是很大的跑量了。家裡附近公園一圈一．五公里，她跑一圈加走一圈。光跑一圈就已經很累，膝蓋也不太舒服，但她仍堅持每天跑一圈走一圈，連續八週沒有間斷。

一開始還會忘記，晚上十一點半才想起還沒執行計畫，趕緊出門。經過八週後，也習慣了，後面四週也還能維持，輕鬆地跑走二至三公里，已經可以自然做到。為了這份報告，完成了十二週跑走，培養了基本的跑走能力。起步很重要，設定目標強迫自己，自然養成習慣。

後來，研究所同學揪八方雲集路跑八公里，她想，自己是運動保健所學生，總要身體力行啊！於是

二〇一三年台北護理健康大學研究所畢業典禮，五十歲拿到碩士學位，人生第一次夢想成真。

跟著報了名。第一次的路跑，到五公里時已膝蓋痛、腳踝痛，全身快崩掉的感覺。後面還有三公里，幾乎是用腳底板推著身體往前。瑜珈練了幾年，好像腳底板力量還可以，但內心很懷疑這樣怎麼跑得回去?當遠遠看到終點拱門時，眼淚掉了下來，跑回來了，真好。感動之外，也告訴自己：「不行，我才五十歲，腿就退化不能跑，我要好好練！」

這之後，馬拉松跑破五、破四、破BQ，甚至跑波馬，再也沒有感動到掉淚。唯一掉眼淚的路跑竟是八方雲集公益路跑八公里。

現在，她持續跑步，讓自己保持良好心肺功能，而且很重要的是，低血壓、低血紅素的人，跑有點強度，血液循環才過得了頸部，可以減少循環不好導致的肩頸痛，還能預防眼睛跟頭腦的退化。所以，跑步很重要，跟吃飯一樣，一、兩天跑一下，可以保持機能正常，並延緩老化。

誤入競速團的小白兔
台北馬成績比波馬門檻快十五分鐘

一直以來，跑步都是跑好玩、跑健康。二〇一七年，Nike徵選四十二名競速台北馬跑者，以三個月時間訓練競速台北馬全馬。耕跑團的豹哥在群組裡鼓勵大家去報名，說這看起來很棒，有專業團隊跟最頂尖的教練帶跑，不但免費，還送打勾勾的衣服、鞋子。雖然選上機率不高，但有報有希望啊！詠晴老師丟了報名表出去，竟然入選了，真的是跑步生涯裡最夢幻的一段旅程！

Nike寄來卡片和高鐵車票，抵達桃園賽車場後，白色大休旅車來接車，大陣仗的工作人員歡迎入學，NIKE FAST 42像個跑步貴族學園。開訓典禮上，一群穿著快遞服裝、又高又帥的猛男，推著堆疊的大紙箱進來，箱子上寫了每個人的名字，裝有跑衣、跑褲、跑鞋、背包等。現場有美髮美容師、攝影師，做好造型後馬上拍形象照。天黑後，要結束前的誓師，史哥（吳文騫）幫每位跑者掛上專屬的名牌。真是一連串驚喜的一天。

但接下來面對的是，吃課表比吃飯重要，展開除了下刀子不跑，下什麼都要出門跑步的日子。詠晴老師原來目標只是要破四、破BQ，現在居然在台北馬跑出了三小時四十五分的佳績。

訓練過程中，每當長距離跑不下去時，史哥就會在旁邊喊著，練的就是最後這兩公里，練的就是最後這兩趟，因此練就了詠晴老師最痛苦時可以再忍耐兩公里，而且是要加速跑的兩公里。

台北馬當天只有詠晴老師一個人的目標是三小時五十五分，比BQ快五分。由一對一的配速員帶，前三十公里，詠晴老師跟好跟滿冠軍配速員明哲，定速在每公里五分二十三秒。配速員很厲害，像開車一樣定速跑。直到三十公里時，明哲說：「我要離開，妳自己跑可能會衝。妳不要急，繼續穩住，到最

參加 2019 年波士頓馬拉松，沿路向高喊「TAIWAN GO GO GO!」的加油群眾揮手打招呼。

後五、六公里再加速。」果然，明哲教練一走，詠晴老師速度馬上往上狂飆，幸好她記得教練的話，趕緊調整回來。

人家說「三十公里撞牆」，她是三十公里加速跑，最後兩公里照平常練習的，當痛苦時再忍著加速兩公里。台北馬本來目標是比四小時BQ快五分鐘，居然跑出三小時四十五分。終點時，詠晴老師有點愣住，以為會跑到快死掉的感覺，以為會感動到痛哭流涕，但並沒有，當下忽然就一個念頭，應該可以更快……至今已經過了六年，這個念頭還在，這讓她在馬拉松的路上永遠想著突破、超越、沒有極限……

大齡跑者的世界「不受傷」是最高原則

在競速的世界，很多人都跑到失衡。即使只是平民競速，訓練時一不小心就像在走鋼索，常聽到誰誰哪裡受傷，肌肉拉傷、筋膜發炎、疲勞性骨折，好像大家都是田徑選手，要去比全運會比奧運，但永遠是不受傷最重要！

詠晴老師給大齡跑者的建議：

暖身不可少：加長的暖身，最少二十至三十分鐘，甚至更長。年紀大要暖機久一點，比較不會受傷。

課表彈性斟酌：一個團幾百人，大家年紀、性別、天生、後天都不一樣，一份課表吃百樣人，耐不住就容易受傷。年紀長的大齡男女生，修復、恢復速度也比年輕人慢。當然也有天賦異稟的人，受傷就是休息，休息到傷好、到復原，復原後再緩緩地回到練習。

收操一定要：認真收操，最少二十至三十分鐘，甚至更長。大多數人跑完後的收操伸展，可能只有五至十分鐘。但詠晴老師喜歡在瑜珈課前練跑，跑完接著上一至兩小時瑜珈課，剛好可以做仔細、完全的伸展。

真實的跑步紀錄、跑步日記：從二〇一七年NIKE FAST 42訓練營發下一本跑步日記後，之後每年詠晴老師都會做當年度跑步記事本，將所有的訓練紀錄都詳實記下來。這樣可以知道隔年，甚至幾年前，當跑一樣課表時，腿力跟不同年度相比的狀況。

長距離跑步不停錶：跑二十公里停三至四次，甚至五至六次，一次休息二至三分鐘，甚至七至八分鐘以上。在賽道上休息喝水的時間，全都要算進去。每週長距離練習不停錶，這樣賽前才能推估自己比賽時的大概成績。

轉角遇到愛
會運動，也願意一起跳舞的男人

詠晴老師四十八歲時，網路突然跳出了一句賈伯斯的名言：「你們得找出自己喜愛的事，工作如此，愛情也是如此。」她把這句話寫在小卡上，貼在牆上。她問自己：那另一半呢？她請老天爺給她一個健壯、喜歡運動的男人，會跳舞更好。不用到陪跑全馬，但最少要能跑個十公里。

五十歲時，她在烘爐地轉角處遇到了國書老師。當天科技公司臨時晚上停課，詠晴老師想說去騎一下車好了；國書老師則被同事放鴿子，只好自己獨騎烘爐地。詠晴老師那時在挑戰烘爐地騎一百次以上，所以到頂會拍張照做紀錄，那天好像是第二十幾次，她把手機架在路邊欄杆準備

參加二〇一七年超級鐵人賽二二六項目，以分組第二名完賽。

自拍。國書老師過來說：「小姐，要不要幫妳拍？」就這樣，認識了這個路上冒出來的陌生人。亂聊之下，哇！這人不只可以跑十公里，還是柔道國手欸！

平民老百姓遇到國手，真是太崇拜了，這麼厲害！國書老師退役很久了，年輕時高強度的訓練，選手很容易不小心受傷。所以這個前國手只健康跑、健康參賽，滿腦子競速的人反而是詠晴老師。

但選手的基本素質是好的，所以能一起參加有點瘋、有難度的賽事。他們一起出國跑馬拉松、參加鐵人賽，也一起完成二二六超級鐵人。

國書老師一直給詠晴老師看國標舞的影片，說「這是我們學校學生，很厲害，國標比賽常得名」。詠晴老師問：「那她有在教學嗎？都在哪裡教？有沒有近一點的地點可以去上課？」現在，他們一起在學國標舞。

詠晴老師的人生夢想是讓她遇到願意一起跳探戈的人，沒想到還真的遇到這個願意一起跳舞的人。

如果你還沒
達到你的目標，
那你盡力了嗎？
——林詠晴

蝸牛跑步哲學，初馬達標BQ

——張靜妙

參加馬拉松賽事至今，賽道上她都是自己獨跑。一開始不懂配速，也沒有運動手錶，在賽道上憑著體感跟著其他跑者向前移動，只要領到完賽證明和完賽禮就很開心。這就是張靜妙（綽號貓老大）。

她幾乎天天都到寶藏巖國手之道報到，只要沒有下傾盆大雨，就一定看得到她。

二〇一九年十月二十七日，長榮半程馬拉松，當天早上五點二十分起跑，她還小小抱怨一下起跑時間太早。幫她報名的妹妹根本忘記她參加了這場賽事，起跑前自己開心和好友集合拍照去了。貓老大落單，只好獨自一人擠在起跑點的人群中。

早起跑步賺到了天氣涼爽，一路都跑得很順暢，當時心中開始有SUB2的目標出現。一直到了十八公里左右，手中的水瓶因為體能下滑握不住而掉到地面，貓老大只能撿起水瓶對自己精神喊話：「加油！就剩三公里了。」然後打起精神繼續往前跑。到了十九至二十公里時，被兩小時的配速員追上，當時心想完蛋了，一旦被追過，想要SUB2的希望恐怕就破滅了。

在意志力很薄弱的情況下，忽然有一位配速員開始大聲精神喊話：「大家加油呀！只要維持這個速度，你們就可以破2。」貓老大受到極大鼓舞，頓時信心大增，於是咬緊牙根繼續向前邁進，最終個人完賽時間為一小時五十八分四十七秒。她特別要感謝這位配速員，在這場賽事之後，她開始會注意完賽時間，也對自己跑步能力信心大增。

詹固醇從紅字到藍字　跑出健康新人生

在家中六姊妹中排行第五的貓老大，小時候家住青年公園附近，晚上和妹妹常常會當跟屁蟲，跟在姊姊和鄰居的後面不穿鞋子追著跑。有時候跑著跑著，她大拇趾的腳指甲就會裂開，姊姊就會嫌她麻煩，趕她回家。國中時因為學校運動會有田徑賽，才開始接觸跑步，不過當時對跑步的認知是：跑步是運動會的事，一百公尺是短跑，四百公尺是長跑。

貓老大一開始並不喜歡跑步，因為跑步實在太累了，移動速度慢，跑不遠又必須全靠自己努力，一旦腳步停下來就靜止不動了。反觀騎自行車，輕鬆騎，移動速度便相對快很多，而且可以騎得比較遠，還能欣賞沿途風景，就算腳踩累了，暫時休息一下，仍然可以繼續往前移動。所以一開始她選擇騎自行車。後來偶然接受妹妹 POPO 的邀請，參加了武陵賞楓慢慢跑，才首度接觸馬拉松的世界。

不過，那次跑跑走走完成七公里的心得只有「口好渴」。當天還沒起跑就口渴了，三．五公里的補給站對她而言真是遙不可及的距離。這也是後來貓老大跑步水不離身的原因。

會繼續跑步是因為後來開始跟著妹妹報名馬拉松賽事，為了可以順利完賽，才跟著練跑。起初跟在隊伍後面以七至八分速跑，感覺喘不過氣來，而且平均心率都超過一八〇，高得嚇人。漸漸地發現成績和體能都持續進步，也不再只是跟屁蟲，甚至連健檢的數字也變漂亮了。於是從騎六跑一，漸漸變成騎五跑二，到後來騎車變成只是交通工具的騎七跑七，膽固醇甚至從紅字跑到藍字。會捨棄騎車作為主要運動項目的原因有二：一是跑步消耗卡路里的效率較高，二是騎車的危險性相對較高。

跑步連結母女情　拚盡全力只為天上的媽媽

以前貓老大母親還在世時，每當貓老大去河濱練跑回家，母親就會問今天跑幾公里。如果是參加馬拉松賽事，母親就問有沒有得名。這是一種母親對子女的關愛，也是母女倆的心靈對話，因為母親行動不如以往靈活，對女兒跑馬拉松非常支持，也相當羨慕。

貓老大母親長年在龍山寺擔任義工，直到年滿八十歲不再符合資格為止。母親在父親過世（一九八九年）之後開始茹素。由於家族有糖尿病史，母親亦深受其害，經過幾次身體上的動刀（包含眼睛、胃、大腸、髖關節），加上年事已高，漸漸只能靠女兒照顧。四姊負責母親吃藥與看診，貓老大因上班時間較晚，白天就負責煮飯給母親吃。

由於不希望讓母親吃過多素食加工食品，加上貓老大廚藝不佳，選擇性更少。這真是讓有點挑食的母親吃盡苦頭，貓老大也深感抱歉。只能多煮幾樣讓母親挑著先吃，自己再吃她不吃的菜，因此造就了貓老大不太挑食的功力。

尚未擔任龍山寺義工前，貓老大母親喜歡大清早先走到離家將近一．五公里的青年公園，與其他晨運的人一起運動。擔任義工後，由於必須在香客到達之前完成寺廟的清潔工作，只好放棄公園行，改為選擇直接走路回家當作運動。

幾年前，她換了人工髖關節後，即使行動不如以往靈活，她也遵照醫囑努力復健走路。這項努力一直持續到她最後一次進醫院的前兩天為止。母親的毅力令貓老大十分佩服，加上每次練跑回家都能得到來自母親的正面鼓勵，這也是激勵貓老大受傷後仍然持續不斷保持活動的主要原因。

二〇二〇年十月，長年深受糖尿病之苦的母親癌症復發，在醫生宣布還有半年生命的隔天忽然陷入昏迷，從此再也沒醒過來。在加護病房躺了數天，最後仍然離開了。十一月初辦完母親後事的隔兩天，貓老大開始天天跑步的人生，原先的騎自行車運動就改成是騎到福和橋的交通工具，接下來就以雙腳「一步一腳印」獨自練跑。

一個月後參加旗山美濃半程馬拉松，事前就設定這場賽事是為母親而跑，當天拚盡全力向前衝。即使補給站的補給品非常豐盛，當同行另外三位參加半馬的夥伴沿途開趴舉杯拍照留念時，貓老大只有停下來補水和香蕉。

在倒數第二個補給站不小心跑過頭錯過香蕉攤，但又不想回頭，只好直接朝最後一個補給站前進。

二〇二〇年一月二十七日於家族春節旅遊期間拍攝，也是母親最後一次與全家出遊。

不料悲劇發生，最後一站的香蕉竟然沒有切。於是只好一路拿著一根剝了皮的香蕉，大約跑了一公里才把它吃完。

在最後一公里時，她精疲力盡，為了跑出好成績，只能咬緊牙關繼續努力。進終點時因體力不支，差點撞上旁邊的醫護站，最終一口氣破PB五分鐘，獲得分組第三名。

蝸牛慢慢爬　終究會爬到

就這樣，開啟了貓老大的跑馬人生。她喜歡幻想自己是一隻蝸牛，從福和橋一路跑到底，一路背起重重的橋：從北新橋、景美橋、景美溪橋、寶橋、一壽橋、恆光橋、道南橋、萬壽橋、一座小紅橋再到捷運。等到折返時，再將一座一座的橋一一卸下，頓時心情輕鬆許多。

當她在馬場跑到懷疑人生時，就會以剩下的距離開始計算在河濱的相對位置，再沿途把一座一座的橋卸下・恆光橋（距終點剩七・五公里）、一壽橋（剩六公里）、寶橋（剩五・五公里）、廁所（三・五公里）、景美溪橋（剩三・三公里）、世新（剩三公里）、北新橋（剩二・六公里）、叉路（剩一・五公里）、廁所（剩一公里）、天橋（剩五百公尺）。看到前方終點時，身上的重擔早已完全放下，開心迎向終點了。

跑步也讓貓老大的個性變得更開朗了。從小她的個性比較孤僻，不喜歡和人打交道，更別說是主動與陌生人交朋友。加入跑團和大家比較有互動後，漸漸地，認識的人多了，開始會和大家一起團拍、一起跑步，也會主動與人打招呼，甚至自拍的功力也進步了，還能找到志同道合的朋友一起拍照。

二〇二三年一月二十日與睡過頭跑團於台大慶生時拍攝。

在河濱練跑，除了熟面孔的跑者，就連散步的大哥大姊也會幫她加油。每天都能獲得滿滿的正能量來面對一天的挑戰，真的應驗了「河濱沒有陌生人」這句話。

月跑量六百公里　伴隨而來是受傷

剛開始跑步時，跑步知識明顯不足，起步就是用蠻力拚命跑，接著便後繼無力，愈來愈慢。甚至在加入馬拉松世界ＡＰＰ後，為了激勵自己可以多跑，還參加馬拉松世界的三週兩百公里及單次半馬的線上馬拉松。

當時為求早日達成目標及跑出好成績，最瘋狂時曾經一週跑了五個半馬（含超半馬），月跑量超過六百公里。不過，只持續半年，就發現腳受傷了。

時值二〇二一年五月中下旬，疫情正嚴峻，因而不敢就醫。這段期間改回以騎車為主，拖了快兩個月，等疫情稍微趨緩，才去住家附近看復健科。不料醫生也害怕疫情而沒有積極檢查，只聽口述便讓她吃了一個月的肌肉鬆弛劑。

但是腳傷時好時壞，並沒有顯著改善。當時最明顯的症狀就是：停跑就好一點，一跑就病情加重。

當時受傷了還在河濱跑，有不認識的跑者好心問她需不需要幫忙，也有前輩從遠處就對她大喊：「腳痛就不要跑了。」

直到七月底，有一次在睡醒後發現腳痛到完全無法站立或走動，只能坐在地上掉眼淚，完全束手無策。大約坐了一小時，才勉強可以站立和走動，此時她終於下定決心先不要跑步了。

八月改看骨科，照了X光才發現原來是疲勞性骨折，當下被醫生禁跑禁騎一個月。期間上網查詢，發現有許多人骨折好了，反而因為沾黏問題不良於行。由於當時連走路都很困難，只好改成強度最輕的活動，在家原地踏步。

四週後回診，確認骨頭恢復狀況良好，醫生勉強允許恢復騎車，前提是不可以跌倒，跑步則需再等兩個月。由於安全騎車比起跑步的運動效率實在太低，在騎了幾天的車後，貓老大決定開始練習快走。

疲勞性骨折顛倒勇　初馬達BQ羨煞眾人

十月初因為報名台北馬（半馬），於是開始進行每週三次的積極復健，以縮短恢復的時間。那段期間，每次都是餓著肚子趕去診所，復健完回到家已經快九點了才能弄晚餐吃。不過在第二次看診時，走路速度已經從一開始的十三至十四分速，進步到最快可以走到八分速。

與醫師討論後，同意她從八分半速開始慢慢恢復跑步。當時真是欣喜若狂，這比骨科醫師建議可以跑步的時間快了將近一個月。一週後，她已經可以跑進七分速了。第三次回診時，復原狀況很好，回骨科照X光確認骨頭恢復狀況也很好。醫師提醒她，做完該療程後就不必再回診，並告誡跑步必須少量慢慢增加，不可以瘋狂亂跑一通。

在恢復練跑兩個月後參加台北馬半馬，貓老大不僅順利完賽，而且再度破PB。二〇二一年和二〇二二年曾將棲蘭五十公里和渣打馬設定為初馬，但受疫情影響延期而退賽與取消。好事多磨，終於在二〇二二年底的台北馬靠自己的努力完成人生初馬，成績也還令人滿意，同時達到SUB4及BQ。

堆量式訓練　不放棄、不逞強、量力而為

現在的貓老大，訓練方式仍以量為主，每月超過四百公里，並在「馬拉松世界」網站改參加單次三公里及三週二十公里的線上馬拉松，不過目標已經改為收集勛章，速度就隨緣了。週間練習則為每天十二公里，第一至二公里暖身跑，前七公里注意讓心率維持在一三〇至一五〇之間，七公里之後才開始

與好友無雙在河濱跑步（她也是領貓老大入耕跑團的推薦人）。

慢慢加速，最後一公里練習衝刺。

週末時間較寬裕，以長跑為主，有時連兩天半馬，有時一長一短，希望能有扎實的耐力及耐心的訓練，至於速度就不強求，只希望最後一公里還有力氣可以加速。

跑步難免會受傷，受傷期間會視受傷程度調整運動強度：正常跑→緩跑→快走→正常走→騎車→原地踏步，讓身體可以處於活動的狀態而非完全休息。

貓老大認為，大多數人會開始跑步，並不是為了拚成績上凸台，而是為了健康。有時看到周遭朋友跑著跑著就不見了，探究其原因可能是跟錯車、跑太快，覺得太累而無法堅持下去；或是跑到受傷，恢復不如預期就放棄了。因此，找到適合自己的訓練方式非常重要。只要找出適合自己能力的跑量和強度，跑步這件事就可以長長久久持續下去。

不可能人人都成為菁英跑者，就算是菁英跑者，也有衰老變弱的一天。對一般的跑者而言，跑步的門檻其實不高，高的是家裡大門的門檻。只要能跨出家裡的門檻，跑步這件事就成功七至八成了。貓老大強調，跑步真的不難，最難的是要能走出大門。

莫忘初衷
天時、地利、人和，
成績自然就有

經歷過幾次受傷及馬場失敗的經驗後，讓貓老大體悟到轉念的重要性，並提醒自己不要忘了跑步的初衷。

在受傷期間，貓老大起初也會和許多跑者一樣，固執地一直跑下去，直到驚覺傷勢不

二〇二三年一月一日，參加長堤曙光元旦馬拉松（半馬）。

可收拾才停止。現在固執期縮短了，一旦發現不對勁，就立刻改變訓練方式與強度，並提醒自己，正好可以執行低心率、低強度的運動，借機好好休息一陣子，等待傷勢復原，體力也恢復了，才能有更好的表現。

貓老大以自身經驗提到，大部分跑者都希望在馬場上跑出好成績，跑量和強度有時就會過量或過強，這都是造成受傷的主要原因。但是千萬不要勉強自己帶傷跑，平日改為中低強度的練習為主。

養兵千日，用在一時，平日處於練兵狀態，不需要天天上馬場，以減少在馬場上因強度過高而受傷的機會。基本能力有了，等到真正上了馬場，天時、地利、人和，自然會有好成績出現。

找出適合自己能力的跑量和強度，
跑步這件事
就可以長長久久持續下去。
——張靜妙

為跑步而生，挑戰各式型態馬拉松

——黃崑鵬

想起二〇一八年的波士頓馬拉松，是崑鵬哥賢伉儷記憶中最痛苦也是最煎熬的一場賽事。這是他第二次的波馬賽事，因為太座拿到BQ，特地陪太太來跑，殊不知就遇上波馬最惡劣的天氣，是一段難忘的回憶。

那一天，天氣相當冷，低溫與下雨讓比賽現場更加惡劣，體感溫度更是無法承受，許多跑者因失溫棄賽。這場賽事由日本市民跑者川內優輝奪得冠軍，贏得了十五萬美元，鮮明的記憶點，讓耕跑團的超馬年長跑者黃崑鵬（最猛阿北）印象深刻，因為他差點拿不到成績。

當天風很大，崑鵬哥穿著的輕便雨衣抵不住強風破了，零下的溫度灌入體內，整個人快失溫了。脫掉雨衣更慘，裡面衣服全濕透，鞋帶又鬆掉，只好去洗手間方便一下，順道綁鞋帶。結果五、六分鐘的時間，身體瞬間失溫。那時已跑了半馬，勉強撐到補給站，就直接進醫療站，躺了半個多小時。醫療人員幫崑鵬哥披了一件鋁箔衣保暖，崑鵬哥就穿著一路跑到終點，卻因為鋁箔衣蓋住號碼牌無法感應，沒有完賽成績。還

耕跑團福和橋團練歡樂跑。

好當時有披國旗通過終點的照片，才依照片配合手錶軌跡申請到成績。鵬嫂則因為在起跑點撿到一件跑者丟棄的禦寒斗篷，全程都穿在身上，才免於失溫。

崑鵬哥的第一次波馬是二〇一四年，那是波士頓馬拉松爆炸案隔年。爆炸案後，台灣選手增加了，總共為大約十餘人。前幾年參加的人都是個位數，台商宴請選手時，台商和代表處人員比選手多，一人可以吃兩隻波士頓龍蝦。現在台灣參賽選手愈來愈多，幾乎年年都超過一百人以上。

全馬、超馬、多日賽、跨日賽　最猛阿北就是要玩賽

崑鵬哥目前是三個孫子的阿公，之前是在中華郵政服務，原本可以工作到六十五歲，但五十四歲時迷上跑步，五十六歲乾脆退休全心投入跑馬。他並不是一開始運動就選擇跑步，而是漸進式的。一九八九年先在師大練太極拳，後來轉至大安森林公園，練太極拳前幾年，一趟拳下來就一身是汗，他就是喜歡爆汗的感覺，後來發覺逐漸不流汗了，便開始思索另一項可爆汗的運動。

二〇〇七年底開始繞著大安森林公園跑一圈，找回爆汗的感覺，同時也認識了一些馬拉松跑友。二〇〇八年以五十三分三十三秒的成績完成第一場國道馬拉松十公里。陸續參加幾次十公里及半馬賽事

耕跑團台大團練，和跑友 Maggie 合照。

後，二〇〇九年（五十四歲）以三小時三十六分五十三秒的成績在第一屆艋舺馬完成初馬，還獲得分組排名，拿到了初馬獎牌。短短三年時間，於二〇一二年雙十節完成百馬。

跑初馬之前，有人為了給他信心，說跑全馬比半馬輕鬆，半馬比十公里輕鬆。崑鵬哥當時心存懷疑，後來愈跑愈豁然開朗，因為里程愈長，配速就可愈慢。他自我解讀引申出「超馬比全馬輕鬆」，自此逢馬必跑，「管他全馬、超馬、多日賽、跨日賽，就是要玩賽。」

崑鵬哥表示，當年各跑團舉辦全馬賽事都會協調避免衝堂，和現今幾乎週週都有好幾個馬拉松同時進行的狀態不同。每週六、日兩次的全馬比賽就像同學會，匯集全省跑者，崑鵬哥就是喜歡這種感覺，也藉著跑旅賞盡各地風光。他目前平日仍在大安森林公園帶領一些老朋友練拳，跑步則是一項永不停止的任務。

不僅崑鵬哥對跑步上癮，鵬嫂因為有一次在嘉義老爺盃馬拉松看到崑鵬哥同事拿到「十馬獎」的獎盃非常漂亮，也開始迷戀上馬拉松，幾乎週週參加比賽，跑得比崑鵬哥還勤快。那時夫妻一同跑馬，崑鵬哥跑完全馬後，還會返回去陪鵬嫂跑步，他笑說順便訓練超馬。這也是夫妻倆鶼鰈情深愛相隨的另一種表現，在跑步的路上相互扶持。

超馬狀況多記憶鮮明 「斯巴達賽」跑到摔落邊坡

跑馬對崑鵬哥來說已是日常，他瘋的是超馬和多日賽。在國內，從五十公里超馬到一百公里超馬，再到十二小時超馬、二十四小時超馬、四十八小時超馬、橫越台灣超馬及多日賽的環台超馬，崑鵬哥都跑過。

第一屆二四六公里橫越台灣的賽事，要從台中港經過埔里繞經武界上中橫公路，一路跑到花蓮太魯閣。一大早起跑天氣很熱，一路沖水還是昏昏欲睡，在數個補給站略做休息，埔里補給站給了崑鵬哥一罐冰啤酒，喝了立刻清醒，埔里排名二十幾，抵達翠峰前進到第四名。崑鵬哥還記得，從上中橫開始起風下大雨，後來跑到翠峰，大會傳來消息，有一個補給帳被風吹垮了，要求選手折返，賽事被迫中止。

二〇一三年環台超馬賽，要跑十四天一一九〇公里，平均一天八十多公里，最南是到墾丁、旭海，最北是到北海岸，繞台灣最大一圈。為了這場賽事，崑鵬哥連續四天，每天一個全馬訓練腿力。這次主辦單位也邀請了法國穿法賽的主辦人參加，連主辦人都說台灣不可思議，差不多的距離，法國賽是十九天，台灣是十四天。

此役之後，崑鵬哥也受邀參加二〇一四年法國穿法賽，這場賽事鵬嫂因身體不適未能同行，崑鵬哥和台灣選手一同前往。穿法賽提供體育館讓大家休息，可以利用帳篷或睡墊睡覺，崑鵬哥喜歡選手住在一起的方式，有別於旅館一人一間，選手間彼此的交流比較密切，也能分享彼此的超馬經驗與祕訣。而且穿法賽是一個城鎮跑到另一個城鎮，途中風景優美，跑起來相當舒服。

二〇一七年應該是崑鵬哥的犯太歲年，跑步過程很不順利。全馬後在路旁野放，不小心滑落邊坡，導致左手掌受傷；一百公里時又被其他選手的私補車撞到右手臂，還好沒骨折，倒是對方汽車左後視鏡折斷。

種種的不順，似乎也隱隱投射在那一年的「希臘斯巴達超馬賽」——令他嘆息的一場賽事。

那天開賽後一路上覺得跑感不錯，因此沒想到要休息，在 CP31（Check Point，檢查點）拿到前一天才買的手電筒，準備入夜後山區跑步用。但電池才用沒多久就沒電，只好跟著別人一起跑跑走走。到 CP43 才拿到頭燈，另有風衣、雨褲及手套則手提著上山備用，若沒用到就原封放在山下 CP50，頭燈預計在CP55回收。

當時天未全亮，崑鵬哥戴著頭燈換上背心，通過CP60時仍沒想到要休息，但過CP66後睡意突然來襲，精神開始恍惚，竟往路中央跑。他調整姿勢好幾次，想辦法往路邊跑，結果在二二一．五公里處踩踏柏油路邊緣時摔倒，傷到頭部大量流血，醫生馬上幫崑鵬哥處理，並強制他棄賽。崑鵬哥問醫生，還有五個半小時，只剩二十五公里，走都走得到，可不可讓他繼續比賽？但醫生很堅持不讓他跑，只好遺憾棄賽。

跑友擔心崑鵬哥狀況，請求大會送他到終點。在終點，護士幫他重新包紮頭部，並由美女協助脫鞋洗腳，還送上了麵包、啤酒、室內拖鞋，比照完賽選手待遇。但就差一缽水及完賽桂冠。護士的包紮因頭部的動作會逐漸鬆脫，回雅典後戴泳帽才得以固定，希臘斯巴達超馬賽鎩羽而歸，崑鵬哥相當懊惱。

不過崑鵬哥與希臘斯巴達二四六公里超馬賽不知是不是犯沖？三次報名後都出車禍，都是帶傷出賽。第一次是車禍受傷不敢跑，怕傷口裂開，跑了全馬就棄賽；第二次是中途精神恍惚跌落邊坡受傷被強制棄賽；第三次是陪同台灣選手跑，因對方錯過檢查點放置的藥品，跑數公里後又陪同折返找藥，一來一回浪費太多時間，最後也沒能完賽。

崑鵬哥笑著說，再也不報名希臘斯巴達超馬賽，每次報了名就車禍受傷，只怕會愈來愈嚴重。

愛上海外馬跑旅　關門馬、白夜馬經典稱奇

崑鵬哥的海外馬經驗豐富，首場是日本那霸馬拉松，他也為這場馬拉松辦了生平第一本護照，那時鵬嫂還沒開始跑步，只是陪著跑旅。

那霸馬拉松最知名的就是真的會「關門」，每一站都有關門時間，無法輕鬆地跑步、拍照和吃喝，若無法於規定時間內通過每一站關門點，只能下次再來。「說關門就關門」，一點情面都不給，即使跑者哀求也無法通融。尤其是到了最後的體育場，真的是有鐵柵門和人牆擋門，門關起來連牆也無法爬，可體驗日本人一絲不苟、鐵面無私的精神。同時，順利抵達關門點的跑者，與差分毫被拒門外的跑者，有如天堂與地獄，進場者用走的都可以到達終點。

自從崑鵬哥開啟了「海外馬」的大門後，他的第二場海外馬是選擇義大利的小城鎮。賽事需事前體檢，體檢時聽說關門時間長達八小時，用走的都能到，崑鵬嫂非常有興趣，立刻報名了她的初馬。第一場賽事後，導遊介紹第二場的賽道，看到優美的風景，崑鵬嫂立刻加報第二場。這也是崑鵬哥和崑鵬嫂第一次一同出國跑馬，在義大利一待就是十四天。

另外還有韓國濟州島的一百公里超馬，也令崑鵬哥印象深刻。那次是隨團出賽，台灣選手跑第一名跑得太快，在八十公里處，補水站竟然都還沒裝設好，在沒水的情形下，只好到附近住戶借水喝。到達

終點後，成績竟然是自己填寫，也沒有頒獎典禮，後來經過台灣選手抗議，在回國登機前，主辦方才把第一名獎牌送至機場。

崑鵬哥形容起這場賽事，直呼「太離譜了」。補給站完全沒有澱粉類食物，全部只有水，連運動飲料都沒有，八十公里補給站只有小黃瓜，完賽沒有典禮或儀式，成績也是自由心證自己填寫。簡直前所未見！

濟州島馬拉松後，崑鵬哥和崑鵬嫂接著挑戰「薩羅馬湖一百公里超馬」。崑鵬哥笑說，本來是幫崑鵬嫂報名五十公里組，結果負責報名的人擺了烏龍，報成一百公里組，限時十三小時完賽，崑鵬嫂只好趕鴨子上架。這次賽事也是崑鵬哥和耕跑團團長黃張維（海贍）一同參賽的賽事，那時的海贍團長跑馬還在起步階段，和現在的八塊肌判若兩人。

賽事舉辦地點在北海道網走附近的薩羅馬湖（亦被稱做佐呂間湖），是橫跨北海道北見市、常呂郡佐呂間町、紋別郡湧別町的一個潟湖，為日本第三大湖，同時也是北海道最大的湖。

當時崑鵬嫂身上還帶著傷，起跑前崑鵬哥叮囑崑鵬嫂每站關門時間，務必在時間內到達檢查點。崑鵬嫂按著自己的節奏跑，愈跑愈順，竟然比預期時間快。跑到「原生花園」已過最後一個檢查點八十公里，她安心地停下來喝水散步、欣賞風景。崑鵬哥提醒還有二十公里，崑鵬嫂才又提起精神跑起來，結果跑得比崑鵬哥還快。抵達終點前有一大段紅地毯，崑鵬嫂以為到達終點，就停了下來。旁邊加油民眾不斷呼喊提醒，無奈語言不通，崑鵬嫂不知道是什麼意思。因為終點要再轉一個彎，後來發現有跑者陸續跑過，警覺終點未到，才繼續跑向終點。

崑鵬哥賢伉儷也跑過一場非常特殊的莫斯科馬拉松，俄羅斯聖彼得堡晚上十一點才天黑，是有名的「白夜馬拉松」，可以享受黑夜如白晝、日不落的特殊景象。比賽時間是七月，聖彼得堡的平均氣溫為十四度至二十二度，相當適合跑馬。崑鵬哥說這場賽事「連火車都會停下來等跑者通過」，十分奇特。

跑馬路上我和你　為跑步而生的崑鵬哥

細數「最強阿北」所立下的跑步紀錄，真不是一般人可以突破的。目前崑鵬哥的個人紀錄如下：

全馬——二〇一三年屏東高樹蜜鄉馬拉松：三小時十二分零六秒。

五十公里——二〇一二年宜蘭冬山河超馬：三小時五十六分二十秒。

一百公里——二〇一二年台東南橫超馬：九小時五十七分五十六秒。

十二小時——二〇一二年東吳大學超馬：一二五．二八九公里。

二十四小時——二〇一三年東吳大學：二二四・一七〇公里。

四十八小時——二〇一六年台北超馬：三三七・三五六公里，六十歲組亞洲分齡紀錄。

二四六公里——二〇一七年橫越台灣：三十五小時三十二分三十六秒。

多日賽——二〇一三年環台超馬十四日：一一九〇公里；二〇一四年穿越法國十九日：一一九二公里。

羅列出來的馬拉松，幾乎所有型態的馬拉松都包括了，而這只是崑鵬哥跑步人生的一角。光是東吳二十四小時以上的賽事，崑鵬哥就連跑了八年。而二〇一六年四十八小時超馬，他創下六十歲組亞洲分齡紀錄，如今仍無人突破；他說，當時跑到三百公里處，已達「國家級紀錄」，就不想跑了，但崑鵬嫂說「還有時間幹麼不跑」，這句話讓崑鵬哥的成績再上層樓，也跑出了亞洲分齡紀錄。

崑鵬哥的長距離賽事，常常會在中途爆衝，這場賽事他就不自覺地摔倒，進醫務站包紮，花了不少時間，若是持續跑，成績會更好。或許是長時間的專注造成恍惚，也可能是人的生理時鐘作祟，崑鵬哥覺得總有些時候會讓自己停不下來，他必須減速，就會去撞柱子、電線杆或是抱住一個人當肉墊，原因也查不出來，甚至腦部超音波檢查也沒結果。

參加十餘場國際賽事後，他覺得國內超馬水準遠遠落後於國外選手。以二十四小時耐力賽為例，國

參加東吳大學二十四小時賽，和關家良一同框。

耕跑團聚餐，與參加東吳二十四小時賽的跑團選手獲頒獎座。

外選手屢創世界紀錄，多次超過三百公里，國內還停留在二〇〇三年的二四四．八三五公里。這兩年國內全馬破三者達數百人，能代表國家參加世錦賽及亞錦賽者寥寥無幾，超馬達到國家級成績則相對容易，崑鵬哥就參加過一次世錦賽及兩次亞錦賽，全馬破三跑者就更沒問題，而且只要以五分半均速輕鬆跑，打破國家紀錄不在話下。

在跑馬的路上，崑鵬哥經驗豐富，隨口都能說出一場令人精神為之一振的賽事，但讓他愛上跑馬最重要的原因，就是可以結交很多的好朋友。

他結識法國身、台灣心的吉雷米（曾扛超馬三太子環台跑步），就是在跑馬拉松的路上，那是第一屆「真武山受玄宮馬拉松」。真武山是對跑友最友善的道教廟宇，更是台灣超馬三太子的家。這場賽事要繞著新店獅仔頭山跑兩圈，當時吉雷米一開賽就衝得非常快，像跑山獸似的。因為是山路，很容易就爆掉，老江湖的崑鵬哥也不敢盡全力，只能慢慢尾隨。結果吉雷米第二圈的速度明顯慢下來，換崑鵬哥幫忙加油打氣。他笑說這是他唯一跑贏吉雷米的賽事，因為吉雷米跑步的速度太快了。

最猛阿北現在已近古稀之年，自嘲體力大不如前，又要照顧孫子，每日就到公園打拳慢跑，和跑友聊天哈啦，維持身心健康就好，不再追求成績與紀錄。往日風光，就如浮雲讓它飄散，但他所立下的紀錄，真的可以和兒孫說嘴一輩子。

管他全馬、超馬、多日賽、跨日賽，
就是要玩賽。

——黃崑鵬

以雙腳丈量土地，憑傻勁直攻超馬

——林慶華

二〇二三年七月七日至七月九日，一項由台北市「瘋16」社團、台北鐵人扶輪社發起的「送愛到武嶺」活動，全程二百六十八公里，每隊七人輪流接力、配一輛保母車，要一路跑上「武嶺」。林慶華（耕跑團名號為「華神」，也是台灣超馬國家隊選手，是位超馬英雄）是台北長跑扶輪社的一員，另外還有隊長堅叔、小林哥、育筑、威爸、秋琳和Rita。

第一天凌晨由新北三重出發，終點在台中東勢停機坪，從深夜跑到天明，再從天明跑到黃昏。正值盛夏時期，跑在路上都覺得雙腳在發燙，脖圍放滿冰塊都無法解熱，看著馬路柏油好似被太陽晒得出油，望向遠方有如「海市蜃樓」般，根本像是在沙漠跑步。華神認領了三重到三峽、橫山到獅潭、大湖到卓蘭六棒次。神隊友都超給力，順利在十六小時內完成首日行程，晚上夜宿東勢林場，吸收森林芬多精，望著夕陽餘暉，酒足飯飽地結束這一回合。

第二天要由台中東勢出發，終點在高度三二七五公尺的南投武嶺。重頭戲在爬升，前面六十公里的路段大都是平

二〇一九年陪跑視友國道馬拉松。

路，但過了埔里「台灣地理中心碑」後，爬升路段開始，過了「霧社」陡坡開始，再加上高度增加，空氣愈來愈稀薄，跑起來更顯吃力。過了清境農場，真正的考驗來了，速度愈來愈慢，只好改採車輪戰，每跑幾百公尺就換人上場，大家團結一心，順利抵達武嶺終點，一起完成這趟二六八公里滿滿回憶的跑旅。

最後一天，大家一起打包物資送給山區小學，一起欣賞偏鄉小朋友的傳統舞蹈，被小朋友靦腆的笑容深深打動。藉由這次送愛活動，大家享受了台灣山林之美，也了解了城鄉的差距，一步一腳印地跑出有愛有溫度的步伐，也希望將來能有更多教育資源進入鄉野。

初馬跑一百公里　華神直上超馬英雄　全憑一股傻勁和熱情

「華神」林慶華是一位銀行行員，現任中國信託主管。他一年的跑步距離比開車的里程數還多，喜歡以雙腳丈量台灣土地。他曾經參加三進三出七星山活動，也曾用腳畫出美麗的跑步軌跡圖，龍年可以跑出百公里以上的龍形圖案。許多人戲稱，如果大家都像他一樣，汽車業就要消失了。他一開始跑馬拉松就直接踏入超馬界，中間完全沒有任何轉換期，過程之快令人咋舌。

[25、26] 蔡肇彥經常參加假日福和橋團練。

[27] 2016年10月15日，洪鴻祥第一次參加路跑活動，淡水漁人碼頭，有他第一個痛苦的4K回憶。

25

26

27

28

29 30

31 32

33

[28] 洪鴻祥於2018年港澳台灣慈善基金會愛心之夜演出。

[29] 古奇哲以賽代訓，參加馬拉松比賽，為第一次的鐵人226備戰。

[30] 古奇哲第一次參加在台東舉辦的鐵人226比賽。

[31] 2023年首爾馬拉松，是邵仕剛人生中的第一場海外馬。他第一次有了前進波馬的夢。

[32] 夫妻兩人一起參加河濱團練，邵仕剛與太太露出最自然、最甜美、最開心的笑容。

[33] 假日家庭聚餐，林詠晴和九個月大孫子一起穿上耕跑衣。

34 林詠晴參加2019年波士頓馬拉松，終點高舉國旗衝線，小兒子大喊：「That’s my MOM!」

35 2022年，張靜妙參加台北超級馬拉松5小時接力賽。

36 2021年，張靜妙在脛骨嚴重疲勞性骨折傷後首度復出，參加台北馬拉松，破PB。

34

35 36

37 38

39

[37] 黃崑鵬參賽台北渣打馬拉松，和太太取得波士頓馬拉松的資格。

[38] 2017年橫台賽，黃崑鵬跑出台灣選手第1名。

[39] 2017年，林慶華全家一起完登大霸群峰。

ageasFEDERAL
LIFE INSURANCE
TPE
IAU 24 HOUR

40

NEB
100KM
30TH JULY 2023

TPE

41 42

43 44

45

[40] 2022年，林慶華代表台灣至印度參加亞錦賽奪銅牌。

[41] 2023 IAU 100公里亞洲暨大洋洲錦標賽，高鐿禎在中華代表隊贏得獎牌後留影。

[42] 參加2023 IAU 100公里亞洲暨大洋洲錦標賽中華代表隊，高鐿禎為準備比賽練跑中。

[43] 2022年台北馬拉松，李銘峰擔任3小時配速員。

[44] 2023年9月10日，李銘峰與家人出遊，參觀新竹國際風箏節。

[45] 2023年北海道馬拉松，林冠汝以優於常人的耐熱體質，在29度高溫中獲得台灣參賽選手第一名。

46

[46] 2022年印度班加羅爾24小時亞太錦標賽，林冠汝保持新鮮好奇心情繞圈，意外奪冠。

[47] 2023 FXT，陳世冠剛經過T2，進入跑步階段。

[48] 2023 FXT，陳世冠抵達終點，開心完賽。

47

48

其實華神以前沒跑步只爬山，為了和小孩有相處的時間，假日就帶太太和孩子爬山，享受愉快的親子之樂。而且華神爬的不是一般郊山，都是大山，帶著孩子完成中央山脈北段、中央山脈南二段及雪山山脈全段等，至今百岳也爬了六十二座。

為了更輕鬆地帶孩子爬山，華神想藉跑步增強肌力，才開始嘗試跑馬。二〇一六年夏天經由鐵城哥（二〇一五年東吳二十四小時國際超馬賽，闕鐵城以二三七・一公里成績獲得台灣第一）的介紹加入了「耕跑團」。

華神第一次跑間歇時，跑在最速女律師 Annie 的後面，覺得自己快沒命了。那狼狽的模樣後來還被拍成照片，出現在 Annie《沒有不可能的人生》書中。雖然貴為「超馬英雄」，「第一次」的跑步經驗也和大多數人一樣慘不忍睹。

華神的初馬就是超馬，也許這就是他被稱為「華神」的原因。二〇一七年初馬跟著「耕跑團」團報北大十二小時，跑到腳指甲都掀起來了，還是堅持要完賽。撐到九九・七公里，最後一圈距離一百公里近在咫尺，看著同是「耕跑」的南哥遠去的背影，心中好苦澀。華神覺得自己不是跑步的料，就此暫別跑步時光。

二〇一七年，華神以補給員身分幫鐵城哥補給「東吳超馬」，那賽事的氛圍、頂級選手的光芒，深深映入他的眼簾。他心想：「如果我是其中一員，會是多麼令人驕傲。」

想像著在跑道上堅持的就是他自己，也陶醉在那成為超馬選手的閃光燈下，當記者詢問他鐵城哥的賽況，他不知哪來的自信和膽量，竟回答說兩年後也要來跑「東吳超馬」。記者問他跑過什麼賽事，他答說剛完成初馬。華神覺得，當下記者一定覺得「他瘋了」。

超馬訓練法　每週「長距離、跑速度、跑山、緩跑」通通來

至此，華神也在心中種下要跑超馬的決心。二〇一八年起，他展開了「超馬訓練法」，每週都要有長距離、速度、跑山、緩跑，訓練到身體的每一個肌群。華神下班跑步回家、假日長距離，一年完成七千公里的訓練。假日的長距離都是跟著頂級選手一起練習，當大夥完成時，他可能還有三分之一的路程要跑，但華神堅持：「不用很厲害才開始，要先開始才會很厲害。」練習量是不會背叛自己的，二〇一八年十一月的冬山河超馬一百英里就拿下了第一名。

二〇一九年二月台北超馬二十四小時組就跑出二〇九公里，達到國家選手標準，取得東吳超馬資格，並在同年驕傲站上東吳超馬賽場，達成二〇一七年「兩年後也要來跑東吳超馬」的宣言。

二〇二一年除了提升訓練強度，華神也領悟了日本選手大迫傑所說的：「承認自己渺小，才能戰勝

強大。」他開始跟自己比賽，依照目標配速比賽，真正地學會跑超馬，並在同年的台北超馬二十四小時賽完成二二八公里，由前八小時第十五名到終場拿下總二，這也是華神二十四小時賽的個人最佳成績。也在同一年，南橫超馬一二〇公里，他在賽事前段沉著穩定、賽事後段步伐矯健，由六十公里第五名頻頻超前到終場拿下冠軍。二〇二二年的亞洲暨大洋洲錦標賽，則與隊友一同獲得男子團體銅牌。

二〇二一年南橫超馬奪冠與太太一起衝線。

華神一直強調自己真的沒有特殊體質，也沒有超乎常人的心理素質，但他說：「我必須很努力，才能看起來毫不費力。」這也是他時時放在心上督促自己的一句話。

他很謙虛地說，自己雖然有一定水準，但必須說還是很弱。他認為自己在二〇一九年的東吳國際超馬跑得並不好，也很清楚缺點在哪、需要加強什麼。他宣誓，下次重回東吳馬場，一定會帶著衝擊名次的成績回歸。誓言果真實現，二〇二二年東吳國際超級馬拉松，華神奪下個人銅牌。

永不放棄大逆轉　東吳超馬舞台背國旗衝線超吸睛

回憶起二〇二二年那一場東吳國際超級馬拉松，他自己比喻是一場「永不放棄、逆轉勝」的賽事。開賽後他穩穩跟著五分三十秒列車，但四個小時後，最害怕的事情終究發生了。神經壓迫的症狀突發了，他呼喊著最信任的醫生，前後進站幾次，總是撐沒多久又進站。他不斷問自己：「我要結束了嗎？」

回想過去三個月的訓練，體能狀況還很好，真的不願意放棄，又想起三年前說要帶著衝擊東吳名次的成績回來，華神再次進站放鬆及貼紮。他真的很感謝補給團隊的協助，沒有他們，比賽已經結束了。

華神心想，這應該是最後的機會了。他試著將重心放在左腳，讓酸痛感慢慢緩解，直到可以正常跑起來，但他內心糾結在一起，因為他跟國內選手至少差了近三十圈。他告訴自己，每場比賽不是都會有撞牆期嗎？就當撞牆期提早來臨。

「林慶華，你必須堅持，不能再有任何失誤。」華神把耳機戴起來，專注地奔跑。這一刻起，華神進入每整點補勁元素加鹽葡萄糖、十五分鐘補甘蔗汁、三十分鐘補葡萄、四十五分鐘補甘蔗汁的循環，慢慢地，專注度回到場上。雖然名列二十六名，但華神不在意，因為已滿血回歸，恢復五分三十秒配速。

五點多了，天微微亮。華神沒有放棄，沒有在黑夜虛度，最終進入男子前五名，超越他的偶像——來自日本的石川佳彥。華神忍不住再看一次圈數，擦乾臉龐淚水。比賽還沒有結束，腳很累，胯下因跑姿嚴重磨傷，內心卻是堅定的。七點半，陽光從雲層射出，黑夜及烏雲已遠去，華神超越好友隊長，進入男子第二名，也是國內第一名。華神身披國旗，讓它飄揚在東吳的田徑場上，這一直都是他想做的事。當哨聲吹響的那一刻，氣力放盡，淚水滑落臉龐。頒獎台上，喜悅無法自拔，最終拿下男子第三名，成績是二一五．六八公里。

二〇二二年東吳國際超馬總三頒獎。

因傷放棄世錦賽　FXT陪跑任務，艱困中不負使命

雖然貴為「華神」，但也不是鐵打的身子。他積極備戰由台灣主辦的「二〇二三年IAU24小時世界錦標賽」，十月底因訓練強度過高導致「疲勞性骨折密合」，也因此放棄參與十二月一日的賽會。受傷期間無法做其他轉換訓練，只能逐步復健。那段不能跑的日子，對華神來說真是煎熬，只能苦在心裡。當時他只能跑進七至八分速，一度懷疑身體不會跑步了，用盡全力也只能完成四小時高雄馬陪跑任務，連三分四十五秒配速的間歇訓練都跟不上。

二〇二三年十一月十七日，華神受傷期間，還擔任好朋友魔王陳世冠FXT超極限鐵人的陪跑員任務，讓華神三鐵初登場，出道即巔峰。這場賽事需要選手從長虹橋游秀姑巒溪出海三・八公里，再騎台11線及台8線到中橫的關原加油站，總騎乘距離一八〇公里，爬升三千四百公尺，再跑四二・一九五公里上合歡山主峰，爬升兩千八百公尺，全長二二六公里。

賽事的強度相當高，但既然獲得信任，就要把工作做好，這是華神對自己的基本原則。賽前看過許多賽事影片，確保自己能在轉換點及補給點做好工作，也把自己使用過的補給經驗用好用滿，最後在陪跑二一・五公里的過程給予信心支持及安慰，最終與魔王以十六小時在負四度的合歡主峰完賽。

十二月十七日的台北馬拉松，華神回歸了。開賽前告訴自己完賽就好，開跑時緊跟著三小時三十分列車。列車進水站時很擁擠，華神便離開列車自己跑。最後十公里，身體覺得很累，但這段時間放棄了世錦賽，對跑步也產生懷疑，讓華神很想要跑進三小時三十分，大聲地說：「我，回來了！」

在這股執念下，他頂住了，以三小時二十八分進到終點。看到熟識的跑友，忍不住擁抱流下眼淚。他十分感謝 BoRung Lee 和 Eltin Kuo 兩位醫師的協助，才能在短短的三個月內回來。

一二三猴子去爬山
創立「猴子兵團」名聲響亮，媒體爭相報導

華神是「猴子兵團」團長，經常帶團走遍台灣群山，連續數年在雙十國慶長跑一二三公里登上高山祝賀國家生日的故事，登上了平面報紙、電視新聞、網路媒體，讓一起出發的夥伴留下滿滿的回憶。

許多人問過一二三的故事，為什麼團名是「猴子兵團」？原來華神十年前就開始帶著孩子爬山，那時一起親子登山的阿芝媽媽，就以這個團名申請入園，疫情前，華神家的小猴已經爬了六十二座百岳，所以這個團名的由來是阿芝媽媽取的名字。

為什麼開始在雙十節做這件事，而且是一二三公里？華神最初是與超馬選手林俊男、林俊良、林志中、闕鐵城為了彼此的目標賽事，自給自補地規畫在二〇二〇年雙十節跑上雪山，恰巧是一二三公里，跟小時候常聽到的「一二三猴子去爬山」很吻合。這成了第一屆的猴子登山。華神很感謝當年黃義成、陳明忠、謝仲倫、黃世華知道這件事後，主動來協助完成回程，並連續四屆都持續幫忙。

二〇二一年舉辦第二屆時，華神選擇較安全的雪山，全程有十七位夥伴參加。華神設計了車票號碼布，希望大家能擁有小小的回憶。這屆出現提升完成率的貴人，是宜蘭知名跑團「饗食天團」的戴惠君、吳文雄、賴秀玲、江老師、沈老師，之後每屆也是無私提供協助。當年搭配好天氣，全數登頂完成，也意外登上媒體。

原本第三屆遇上二〇二二年疫情嚴峻而打算取消，那時有人提議去南湖大山，因行程沒有重複，會讓人比較想挑戰，遂決定了行程。感謝「宜蘭新聞」的藍主播協助記錄行程，這屆東北季風來襲，加上攀登有難度又遇到下雨，只有林俊良與華神堅持到最後。

二〇二三年的第四屆蘭陽溪溯源，是第三屆結束那天就決定的。一群人累得跟狗似的，居然還能想下屆要去哪裡。

第四屆東北季風依然不減，由蘭陽溪出海口到蘭陽溪發源地的旅程，真的是很艱辛。出發時豔陽高照，到大同鄉後大雨不斷，終於在九點，夥伴陸續登頂，完成蘭陽溪溯源慶雙十活動。華神則在抵達松

二〇二〇年帶耕跑團夥伴單攻雪山。

楓嶺時，因有夥伴身體不適，先陪有狀況的隊友下撤，他說大家平安是最重要的事，「成功不必在我，但成功的路上一定有我。」

至於下屆要去哪？華神覺得，每年操辦這樣的活動，路線規畫、贊助安排、入山入園申請、接駁規畫、補給協助、途中人員清點、團隊距離掌握及安全事項提醒，真的需要花費很多心力，他希望能有好心人幫忙接團長一職，讓他能單純地享受行程。

現在的華神，最高興的就是太太和女兒也一起跑馬了。太太完成了初馬「萬金石馬拉松」、「台北渣打馬拉松」，女兒也完成了初半馬。能完成自己和家人的夢想，真的很棒很幸福。但會追夢的人永遠還有下一個夢想，華神盼望能參加希臘斯巴達馬拉松，永遠不要讓明天的自己後悔。

二〇二三年，華神過得並不如意，父親逝去、傷痛纏身，所幸這一切都逐步朝好的方向前進。二〇二四年四月，他再度入選國家代表隊，前進坎培拉參加澳洲亞錦賽。

華神很感謝「耕跑團」提供他訓練時正確的跑馬知識及課表、建議適合的補給商品、幫助安排移地訓練、提供好穿的耕跑衣，就像家人一般，在他比賽時輪班加油給予動力。他希望，和大家一起牽手跑下去。

永遠不要讓明天的自己後悔。

——林慶華

沒有課表一直跑，不小心成為超馬國手——高鐿禎

二〇二三年第一次取得國手資格，第一次代表台灣出賽IAU 100K亞太錦標賽，就與隊友勇奪女子團體銅牌，她是天生的好手，「只要把她放在賽道上，就一定可以跑完。」

她從來不設定跑步目標，但成績往往「不小心」出人意表，無人知曉「不小心」的背後隱藏了多少日晒雨淋。她不跑課表，但珍惜每一次可以練習的機會，總是以一身黑色勁裝及陽光般的笑容照亮全場。雖然每次賽中都會痛苦掙扎，但只要比賽結束，她忘性很好，通通拋之腦後，「痛苦指數」都被「開心指數」取代。

這位低調靦腆的超馬甜姐兒——高鐿禎，耕跑團的名號是「Vivian」、「小禎」。她總是綁著一束厚實的馬尾辮，跑步時辮子左右擺動，是她的特色。

小禎任職於證券公司，將跑步作為健身與抒壓的方式。二〇一九年起，她嘗試挑戰超馬領域，從六小時組、十二小時組，至二〇二二年冬山河超馬初次挑戰一百公里，皆獲得不錯的成績。已有六十幾場馬拉松經驗的她，循序漸進挑戰更長距離，以沉穩堅定的步伐，邁向更多的未知。

她第一次跑步是在二〇一五年，一開始的動機和一般人差不多，其實就是想減肥；覺得體重上升，怕夏天穿衣服不好看，嘗試透過中醫減肥，ＢＭＩ降到十幾，雖有效但精神不好，臉部沒有光彩。剛巧同事在運動，索性一起約跑步，起先都是在台大田徑場，離家也近。

沒有選擇河濱，是因為對河濱環境不熟悉，而且大都晚上練跑，如果只剩她一人晚上在河濱跑步也會害怕，所以那時就設定跑步環境在田徑場。

二〇一六年初馬是萬金石馬拉松，回憶是美麗的、歡樂的，類似公司總動員的感覺，員工幾乎全參加。

公司在翡翠灣有活動中心，所有員工前一天在那邊住宿，當作員工聚會。隔天跑萬金石，她和另外一位同事結件，兩位女生都是初馬，一起出發，一起進終點。邀約大家跑馬拉松的同事兼教練，甚至在萬金石的隧道中等待她們兩位女生，三個人一起跑進終點，感覺棒透了，完成人生第一場全馬。

有了開心的第一次經驗，後來就想要報第二場了。

入選二〇二二年 IAU 100K 亞洲暨大洋洲錦標賽中華代表隊。

沒有課表的超馬選手　跑開心、跑流汗、跑健康

小禎的訓練方式多半是有氧，都是慢慢跑。聽著音樂一個人跑，默默地吃著甜甜圈，只要公司不加班，就會出現在田徑場，自己在台北田徑場繞兩小時就是半馬。

她沒有練跑的課表，因為知道自己可能跑不了課表，就很勤勞地「有氧跑」，建立全馬的基礎肌耐力。再者，參加耕跑團「間歇訓練」，強化速耐力，跑開心、跑流汗、跑健康。

雖然沒有課表，但她會一直想要跑，也一直報名賽事。她的目標是「不要比上次差就好」。她怕訂了目標，最後達不到，自己也不開心。只要每一次跑步都比之前進步就好。

她對全馬成績並未特別設定目標，萬金石初馬跑出五小時十九分，之後每一次全馬都進步約十分鐘，每一年的台北馬也都有進步。比如二〇二二年十月長榮馬，因半路遇到耕跑團長膽大，跟上他的列車，意外跑進三小時三十四分的個人PB。那一年膽大剛好結束一場普悠瑪二二六超級鐵人賽，長榮馬只想「舒緩跑」，而且是穿Y拖跑，就帶著小禎跑出好成績。

緊接著十二月的台北馬，又跑進三小時二十八分，才被大家特別注意。這場賽事，小禎設定要在環東大道前把自己塞進三小時三十分配速列車。但當時她是落後的，看到同是耕跑團的Misa也在列車裡，而且緊跟著配速員，小禎追了十八公里才把自己包進列車裡，在眾人的相互鼓勵、同心協力下，才

二〇二二年金山甘薯馬拉松，一度迷路，但運氣不錯，還拿到女總一。

讓自己的PB再次突破。談到二〇二〇年第一次參加台北超馬就勇奪十二小時女總一，距離是九九・九公里，小禎笑說是因為疫情來了，很多高手都沒參加。她原本是要去跑高雄馬，結果因為疫情停辦，但她真的很想參加賽事，就問了朋友有什麼賽事可以跑。朋友直接推薦台北超馬，開啟了小禎的超馬魂。第一場雖然成績沒有太好，但名次很好。

接著連續四年都參加台北超馬女子十二小時賽事：二〇二一年十二小時九七・二公里；二〇二三年十二小時首度破一百公里，跑出一〇九・一二三公里；二〇二四年十二小時一〇一公里。

二〇二三年，小禎代表台灣出賽 IAU 100K 亞太錦標賽，破了自己一百公里PB，最後以十小時五十一分十一秒完賽，比在台北跑的成績還好。

小禎雖是一位「不設定目標、沒有課表」的超馬選手，但她的「體感跑」、「有氧跑」卻相當穩健，或許也是她經常「不小心」跑出佳績的原因之一。

歡樂冬山河超馬「栽跟頭」 入選亞錦賽國家隊

因為之前兩場台北超馬十二小時都沒有破一百公里，二〇二二年「奮起雲擁～經典百K馬拉松挑戰賽」是小禎的初百K，跑的是奮起湖山路。她覺得路線相當虐心，但朋友一路上不停鼓勵她，逢人便介紹「這是她的初百K」，也讓她能夠安心完成第一次百K挑戰。

冬山河一百公里，那場賽事對小禎來說比較痛苦，因為摔跤，記憶深刻。

二〇二〇年，因為愛跑、愛玩、愛跟，就跟著朋友入坑「冬山河超馬」。那一天，天氣非常不好，下著大雨。小禎是跑夜間組，幾乎全程一百公里都在下雨，到了早上天氣就變得非常熱，反差很大。

因為環境也不熟，為了補足公里數，她先繞去別的地方，也跟不上朋友的腳步，自己一人慢慢跑。還好有位當地跑友「魔神」帶著小禎跑，順便充當嚮導，提醒路線及道路注意事項，陪她跑了快三小時。

大概跑到快六十公里時，天已微亮，憾事發生了。小禎雖已繞過那麼多次，但沒留意到有一個樹根突起，居然絆倒飛出去。想說怎麼會飛這麼遠，起來一看腳沒事，只有手受傷。已經跑超過一半里程，放棄太可惜，就繼續跑。那時沒想過自己會是第二名。

也是因為冬山河，小禎被甄選上國家隊，代表出賽二〇二三年印度亞錦賽。當時她完全不知道有甄選這回事，純粹跟大家一起去跑超馬，一切都是不小心，不是刻意去甄選。

二〇二二年衫林溪馬拉松是小禎的歡樂馬，一路跑步、一路拍照，尤其是「十二生肖彎」更是不能錯過。回程說說笑笑，才發現身旁竟有前導自行車，突然前導員說：「妳現在是第二名喔，離第一名不遠，要不要追追看？」小禎心想：「真的？假的？」就尾隨前導車加速，但怎麼一直追都追不到，轉了兩個彎，還看不到第一名，下切到瀑布折返點再上來，終於和第一名擦身而過，彼此互相鼓勵。

前導車不斷在耳邊一直鼓勵：「用妳平常練間歇的速度追上去就對了。」一直追到終點前約五、六百公尺，賽局大逆轉，小禎超越成為「女總一」。這場賽事要歸功於前導員，小禎中途本想放棄追趕，但又怕對不起前導員，這才促成最後的大逆轉。

參加二〇二三年 IAU 100K 亞洲暨大洋洲錦標賽，中華代表隊完賽後的團體照。

低調的跑者　接獲邀約心中掙扎數百回

冬山河一百公里結束後，小禎完全不知道自己被甄選上國家隊，其中一位隊友在「葫蘆墩馬拉松」賽事遇到小禎，問她：「妳有收到通知嗎？代表國家去印度亞錦賽。」小禎說沒有收到，那位隊友當時也很猶豫要不要去，問小禎要不要參加。小禎回答當然要參加，那麼難得被甄選上，為什麼不參加？小禎趕緊搜尋電子郵件，終於找到了通知。

從那一刻開始，小禎猶豫了。壓力非常大，去了要是表現不好怎麼辦？月跑量不到三百的小禎，自己問了自己三百次，擔心了三個月，後來經過友人勸說，才下定決心參加，因為她想開開眼界，去看看外面是什麼樣子。

團隊記取去年選手經驗，提早兩天出發，先去場地試跑及適應選手村環境。出發前一刻才知道協會會長無法同行，只有協會一位小編陪他們去。那位小編超級厲害，一手包辦六個人的行程和賽事，還要寫即時報導及賽況，英文又好，幫忙解決了所有事。

出發當日就遇上颱風，班機受影響，本來得搭晚一班飛機，後來又說可以飛。一行人到新加坡轉機，原本台灣飛機延遲趕不上轉機，要多待一晚，沒想到新加坡航空願意等，地勤還開車送他們趕那班飛機。雖然人趕上了飛機，但行李還在下一班飛機上，所以第一天到印度的飯店時沒有行李，只有一些隨身衣物，也是旅程中的小插曲。

比賽場地是印度班加羅爾農業學校，占地很大，譬如跑一圈，會有一半的地方很熱，一半的地方很冷，也有爬坡，基本上是有一點不好跑。而且日本、澳洲等其他國家隊伍都人多勢眾，只有台灣選手參加團體三人賽，男生就是三位，女生也是三位，所以「一個都不能少」，任何一人放棄，就什麼都沒有了。

相較其他隊都三人以上，成績又是取最好的前三名，台灣隊真的要很拚。其中一位女隊員，比賽中因冷熱交替造成腸胃不適，幸好最後還是跑完了。台灣還贏過印度地主隊，拿下團體第三名，更令人開心。

當拿著國旗衝過終點的那一刻，小禎才相信自己做到了。要讓全世界看見台灣的那份心意，在六人同心堅持下，雖然後援少、人數少，但意志高昂，絕不認輸，終究在國際舞台上發光發熱。

參加二〇二三年 IAU 100K 亞洲暨大洋洲錦標賽，完賽衝線。

「已經努力到這個時候了，不要放棄，一定要跑完」

現在的小禎，跑在超馬的路上如此順遂，心中感受最深的就是要「交對朋友」。有一群「不離不棄的朋友」是她最大的優勢，再加上有優質的補給友人，讓她跑步時多半有朋友相伴，督促她完成賽事，感覺比較沒有後顧之憂。

她的超馬成就全拜朋友所賜，因為他們的邀約，才有勇氣報名，大家說好「一起出發，一起進終點」，一定會陪在你旁邊跑，只要跟上他們的腳步，基本上成績就會很不錯。小禎愛跟、愛玩，馬拉松的路上可以看到很多有趣的風景，這是她最大的收穫。

對超馬來講，月跑量兩百至兩百五十公里，其實真的很少，但小禎是憑一股「不服輸」的精神，只要一直跑，就一定可以跑完。把這股精神放在賽場上，就一定可以完賽，後段可能會覺得痛苦，會需要人家鼓勵，但小禎這時最需要的是強悍補給員，可以趕快把她推出去，重回賽道，不要再休息了。

她覺得自己應該要好好練一場超馬，先把月跑量堆到五百公里，超馬賽事後段才會比較輕鬆一點。目前她有在做一些核心肌群的訓練，也想接觸游泳，但一直都學不好。

小禎覺得跑步這件事情，基本上就要先開心，如果覺得有壓力，就會跑不下去。她也不敢設定目標，或是成績要跑到哪裡。每次有人問她要怎麼跑，她都回答不出來，因為她覺得「跑出來就是成績」，不需要先設定一個目標。「絕對不棄賽」是小禎的跑步哲學及人生態度，只要上場跑步，就會全力以赴。

很多教練都想為小禎開跑步課表，但她怕會讓教練失望，怕自己跑不到教練要的成績。她容易緊張，心理素質不如外表強悍，要獨吃課表壓力太大，反之，如果有朋友一起開心去跑，成績跟速度自然就出人意表。

現在的小禎依舊勤奮地跑著，工作非常忙碌的她，面對客戶不免累積負面情緒，透過運動排解減壓，讓她可以用全新的自己面對一切挑戰。跑步為她帶來生命的改變，也期待她永遠是「賽場上最亮眼的跑者」。

只要上場跑步，就會全力以赴。

——高鐿禎

向冠軍請益，晉身超馬凸台常勝軍——李銘峰

「寧可不完美地前進，也不要完美地留在原地。」

這是耕跑團的李銘峰（綽號小蜜蜂）放在心中最重要的話，三十八歲的弟弟因胰臟癌離世，對小蜜蜂來說是無比的慟。

他弟弟曾對他說：「哥，你能夠跑一百公里真的很厲害，你已經變成我的偶像！」弟弟說，哥哥一定要撐下去，他也不會放棄抗癌，兄弟倆說好要一起努力，所以每當跑到後段七十公里很痛苦的時候，小蜜蜂都會對自己說：「哥哥很不舒服啊、很痛苦啊，但還是會一起努力到終點。」

事與願違，最終弟弟還是走了，小蜜蜂一直相信，兄弟倆現在只是在不同的地方努力，他要多跑一些，把弟弟的那一份缺憾補上。

二〇二三年七月三十日於印度班加羅爾舉行的 IAU 100K 亞洲暨大洋洲錦標賽，中華隊總共派出李銘峰、戴政彥、解啓法、郭麗文、林捷如及高鐿禎共三男三女參賽。男子團體組及女子團體組雙雙奪下銅牌，個人完賽時間九小時零八分三十三秒，小蜜蜂就是其中一員。這也是小蜜蜂向天上的弟弟致敬的一戰，他希望不斷地跑，弟弟就能看見他。

亞錦賽前倒數一個半月，小蜜蜂收到國手衣服後，覺得真的要開始認真了。代表國家不是小我，那陣子他把國家代表隊的衣服掛在一醒來就能看到的地方，督促自己不能鬆懈。

台灣隊的資源真的很少。其他國家都是大陣仗，但台灣隊一行只有七個人，三位男選手、三位女選手，和一位隨隊經理，印度班加羅爾台灣商會則是在當地出力最多的團體。

小蜜蜂在男子組個人賽跑第十名，他坦言場地不好跑。比賽地點在一所農業學校，跑一圈五公里，地形有上下坡、溫差很大，早上十點過後就開始變熱，氣溫大約三十三度，但跑到樹林裡就變得很冷，可能才二十二度。將近十度的溫差，讓每一個選手都受不了，就連決心要來破紀錄的日本人，每個人的成績也都至少增加三十幾分鐘以上。

另外還有很強的側風，吹得人在跑的時候都會稍微歪斜，圍欄及警戒拉繩都會亂倒亂飛。前一天下大雨，坑洞都積水，一些小動物會在旁邊走，甚至賽道上出現三十幾頭牛擋路，還要交管來趕。每次回到終點前，小蜜蜂就得做好表情管理，因為附近會有攝影師，雖然不像台灣那麼多。

代表台灣參加 2023 IAU 100K，以九小時零八分二十九秒衝線完賽。

比賽時，其中一名隊友賽前出現腸胃不適，另有隊友在比賽過程中腳出狀況，但可喜的是，儘管台灣隊資源最少，依舊抱回「男子團體組及女子團體組銅牌」，這是最令人欣慰的事。

冠軍練習法　場場盯著冠軍跑、如何做、跟著學

小蜜蜂學生時期是美工科出身，曾經在職訓中心學習室內設計及木工，踏入社會後卻經營二十多年的電子商務網拍（與弟弟共同經營，店名：惡南宅急店）。三十歲後，有了二寶，兩位都是男孩，精力旺盛，很愛講話、格鬥，讓他的生活更精彩了。只是，有了小孩後，眼界漸漸變小，直到接觸跑步，才又漸漸打開眼界，甚至讓他成為國家隊，有機會出國比賽，這是他萬萬沒有想到的事。

小蜜蜂從小就喜歡運動，還因此當了體育股長，直排輪、溜冰、排球、羽球、網球、保齡球，尤其熱愛打籃球。看了超馬選手高志明所寫的《一雙慢跑鞋：一年內完成42K馬拉松訓練計畫》，對跑步產生了興趣，於是開始嘗試跑步。練習過程中，常聽到高手和素人的每日訓練量與速度，他深感自己有許多不足之處，所以研讀了許多關於跑步的書。他發現，每一本書教的都不一樣。

他在中和國防管理學院附近的小公園練跑，那邊不是正規的操場，但有很多大哥會分享各種跑步技

巧，每個人的方式都不一樣，有的人不穿鞋跑，有的人手擺的姿式不同。小蜜蜂想著，乾脆直接去問「每一場馬拉松冠軍」，這是最快得到答案的方法。從此，只要頒完獎，冠軍就被小蜜蜂攔截，那一刻他就像個記者，直接問冠軍：「你跑步是怎麼呼吸的？」因為小蜜蜂看了很多書教跑步呼吸，有的教「一吸兩吐」，有的教「兩吸一吐」，把他搞得好亂哪！

藉由攔截冠軍的方式，他發現每一位冠軍的共通點都差不多，呼吸方式都是「兩吸一吐」。他就開始按照冠軍的方式練習，因為一旦跑步的方式和姿勢固定了，再修改會很困難。他還問了冠軍關於抬腳落地的方式，是前腳掌著地、中足落地，還是腳跟著地？大部分冠軍都建議前腳掌著地，但他試過後覺得太費肌力，才跑十公里就受不了了。「因為我們不是冠軍。」小蜜蜂自嘲地笑。

後來有一位神人李智群（長明賞超馬盃衛冕成功，六小時超馬以八三．六公里破全國紀錄），曾在台北市政府舉辦的「運動熱區」活動中開設全馬課程，只要先付五百塊，上滿四堂，就退費五百元，以此鼓勵跑者，等同是免費課程。那時李智群就告訴小蜜蜂，按照自己的正常方式呼吸就對了，著地法也不用去考慮，因為當速度一變，會自然切換成前腳掌跑步。小蜜蜂聽了之後，覺得這就是在鍛鍊的過程中，身體與肺活量一起慢慢進步的地方，千萬不能急。

小蜜蜂也遇過那種願意多分享一些的冠軍，教他全馬補給法，或是如何面對賽事。其中有一位總是跑進前三名的黃俊豪很熱心，小蜜蜂向他請教了許多事。小蜜蜂參加二十一公里半馬賽事總是「落選頭」，黃俊豪對他說：「我以前也是這樣過來的。」小蜜蜂聽了非常感動。後來黃俊豪又說：「你就是要繼續撐下去，以後就不會在這個位置，你會往前走！」這句話改變了小蜜蜂的心境，體會到：「有時候不要太急，時間到了就會是你的。」

那時小蜜蜂還不知道「三分速」是什麼境界，二十一公里前幾名的選手幾乎都是三分速。據小蜜蜂觀察，賽事中保持在前三名最久的有兩位，一位是黃俊豪，另一位就是洪一仁（陸軍專校勇跑戰將），其餘的跑將大都是曇花一現，或是久賽成傷，無法長居前三名。小蜜蜂認為，這兩人能夠跑這麼久，而且一直得冠軍，他們的心法絕對有用，於是決定追隨他們的腳步前進。

最後，綜合諸位冠軍的方式，「配合工作及陪伴家人時間」，小蜜蜂調整出能「簡單」執行、持續跑下去的菜單。

跑步前後落差。

全馬「落選頭」　轉戰超馬勢如破竹　幾乎場場上凸台

小蜜蜂二〇一七年第一次接觸跑步就跟大部分跑者一樣「被推坑」，順勢報了路跑賽，莫名其妙地站在起跑線，最後痛苦地走向終點線。二〇一八年慢慢從五公里、十公里、半馬，直到現在跑一百公里，目前參加過大約三十幾場全馬。

二〇一九年在李靜波（波哥）推薦下，加入由鄭子健教練帶領的愛迪達台北馬拉松配速團隊，擔任全馬五小時配速員。此後，隨著自己的成績逐年進步，陸續於二〇二〇年擔任全馬四小時三十分配速員、二〇二一年擔任全馬三小時十五分配速員、二〇二二年擔任全馬三小時配速員。目前小蜜蜂的全馬個人最佳紀錄則是兩小時五十八分零九秒。

會進入超馬界，是因為小蜜蜂全馬的速度擠不進前三名，超馬前輩陳啟文大哥就對他說，跑五十公里，只比全馬多了八公里。於是，小蜜蜂挑戰了人生第一次的「鎮西堡五十公里」（據說是超馬選手朝聖地）。

小蜜蜂起跑後，遇到永遠就是比他強的高手，看到他們也來跑，小蜜蜂過程中就調整好心態，「當作今天真的是來玩，順便欣賞風景。」於是他跟在競爭對手後面跑，以免爆掉回來。跑到三十公里後，他覺得身體狀況似乎都很好，折返點要往山下跑了，就開始加速。倒數十公里時，發現那些高手好像變

代表台灣參加 2023 IAU 100K 亞洲暨大洋洲錦標賽，耕跑團製作個人加油布旗。

成在慢跑，就這樣一個一個刷卡他們。這時，天快黑了，他突然聽到廣播說「總二回來了」，居然就是他。從此，他對超馬建立起了信心，成為了超馬凸台常勝軍。

第一次跑一百公里是看到其他跑者拿到中華民國超馬協會獨有的破紀錄獎（只要比前一年成績進步就可以得到），增加了報名動力。接著就報了二〇二一年十一月二十七日的宜蘭冬山河超級馬拉松，獲得一百公里「男總一」，完賽時間九小時零六分二十六秒。

緊接著在隔年十一月十九日的冬山河超馬，小蜜蜂依然獲得一百公里「男總一」，但完賽時間又向前推進到八小時五十分二十七秒，也是他的最佳成績。

這場是小蜜蜂想拚「二〇二三年 IAU 100K 印度亞錦賽」遴選賽事資格，因此很專注跑步中的身體狀況及補給，都沒去看排名。當天衝過終點完賽時，沒有任何人知道小蜜蜂回終點，雙腿也在竭盡全力後發出抗議，需要休息。朋友幫他列印成績時才發現他是日組一百公里男總一，大會請他補拍衝終點線照，開心的是還有賽後直播訪問。

挑戰一百二十公里距離
心中的正念、
負念不斷對話

二〇二二年二月十三日，第五屆奮起雲擁經典百公里馬拉松挑戰賽，因為一百公里和一百二十公里報名費都一樣，在朋友的慫恿下，乾脆就報一百二十公里。一百二十公里也是奮起雲擁首次增加的距離。起點由嘉義市體育場田徑場，經過超複雜又多彎的山路，再回到嘉義市體育場田徑場。每五公里一個補水站，一百二十公里總爬升約三〇四一公尺。

小蜜蜂過年前就有忐忑不安的感覺，心情無法放鬆，更不敢跟家人說這次要跑的距離，深怕嚇到家人。他內心的正向天使說：「疫情下還可去賞櫻和吸收芬多精，多好！」負面惡魔則說：「真的？穩爆的啦！」這距離說不怕是騙人的，對月跑量兩百公里出頭的人來說，更顯難度。

起跑後，前方有不少跑者，左右兩排路燈及人龍則是小蜜蜂前進的光明燈。天色漸漸亮了起來，終於來到三十五公里左彎上山路，突然聽到工作人員說一百二十公里總一通過。「嗯？不會吧，我聽錯了？」

再跑到下一個四十公里補水站，工作人員確實說了「一百二十公里總一」。小蜜蜂嘴角上揚到合不

2023年高雄山城100KM 超級馬拉松，以破賽道紀錄（8小時41分25秒）拿下男總一。

攏嘴，機會來臨時，「當仁不讓」。但也代表小蜜蜂現在是被所有跑者追擊的對象了。「天哪！無法欣賞風景了。」

接下來的八十公里都面臨著被刷卡的風險。直至前導車出現，他內心的負面惡魔還在說：「你還有五十五公里要跑，穩爆了啦！」跑回程的小蜜蜂完全沒有停下腳步，他深知任何一公里有狀況都是引爆點。

跑回山下後，沿途都有熱情的補給站人員拿著手機拍照，但小蜜蜂還是帶著被超車的不安，數次回頭觀望有無追兵。

一路跟隨著前導車引領，小蜜蜂超想請它載一下下也好。最後，拖著疲累的雙腳，一步一步跑進嘉義市立體育場，遠遠就聽到大會說：「一百二十公里男總一回來了！」

當下，小蜜蜂眼眶泛紅，「真的撐下來了！」衝過終點踏板，站上終點舞台。完賽時間十二小時四十分五十三秒，開心拿下奮起雲擁一百二十公里男總一。

之後，他又於二〇二二年九月十八日挑戰「戰慄雪霸~勇士之歌超級馬拉松」，拿下一百公里男總一，完賽時間九小時三十八分五十四秒破場地紀錄。

二〇二三年三月十一日的第十二屆南橫（霧鹿峽谷）超級馬拉松，拿下一百公里男總一，完賽時間九小時十九分二十一秒。

二〇二三年高雄山城一百公里超級馬拉松，完賽時間八小時四十一分二十五秒，破場地紀錄及個人PB。

小蜜蜂認為超馬可以讓自己更謹慎地面對一場賽事，「賽前計畫、賽中調整、賽後檢討」，當自己無傷完賽就是種成就感，當然能拿下總排名更是大大加分，畢竟超馬賽事的獎盃都很有特色。

高手教會他的事　跑質不跑量　筋軟勝過一切

高手教會小蜜蜂的一件事：不是跑量多就是好。好比黃俊豪的訓練方法就是每天都跑十公里，一小時內跑完；而洪一仁跑一休一，每次跑二十一公里。小蜜蜂綜合兩人的做法，跑步練習一樣按照自己的訓練節奏，週二、週四配速跑十二公里，週六跑長距離半馬至三十公里，但其實跑量並不多，月跑量不達兩百公里。平日的基本訓練，加上「以賽代訓」，是他平穩中求進步的方式，一切以不受傷為主。所以小蜜蜂不太練「間歇訓練」，就是怕受傷。

他也很注重賽後的拉筋，讓肌肉筋膜保持彈性，就像瑜珈能帶來的效果，確保隔天訓練時，是以最新鮮的肌肉訓練。有位南橫五連霸高手西瓜告訴他，其實每次跑完，身體都在發炎，組織液都滲出了，就要趕快穿壓縮褲保護肌肉，「不用每天跑，要讓肌肉有休息的時間，讓筋膜放鬆。」小蜜蜂還有一個技巧，就是洗澡時在抹完肥皂後先沖熱水再沖冷水，冷熱交替，短短的三十秒，像在按摩放鬆筋膜。

跑步已經成為小蜜蜂生活的一部分，他會優先將練跑時間固定下來，再做其他的生活規畫。有了家庭後，假日多是陪爸媽、小孩出遊，也要幫家裡採買，確保大家攝取的大都是健康食材。健康、事業、飲食、家庭及興趣，盡量做到均衡的人生——簡單就好。他也一再告訴跑者：「人生最美好的時光，就是那些全力以赴的日子。」

不要再猶豫，跑就對了。

人生最美好的時光，
就是那些全力以赴的日子。

——李銘峰

宅女的跑步人生，
靠「倔強」勇闖超馬界

——林冠汝

「帶著笑容飛舞吧，你是你生命最美好的作品。」有狀況或挫折時，她總是會對自己說：「沒事的，all is well!」

首次入選國家隊就拿下金牌，成為「台灣之光」，賽道上堅持不懈的精神，也讓其他國家隊選手、教練從不看好到刮目相看。她跑齡不是很長，卻常常跑出令人驕傲的好成績，她就是林冠汝。

有些跑友叫她「仙人掌」，她的學生叫她「巧克力」，也因喜歡穿上「蓬蓬裙」比賽而成為個人獨有特色，她覺得「蓬蓬裙」就像是超人裝，只要穿上去，就有特別的力量，也非常有儀式感。

冠汝是一位運動教練兼超馬選手、幼兒美術老師。學生時期是個文青，喜歡漫畫，於是去學畫，報考藝術大學。後來因為運動瘦身成功，就期許自己成為教練，幫助像自己一樣有身材困擾的人。

除了教有氧和肌力團課，也斜槓教幼兒美術。

冠汝的第一場路跑賽是因為看到優雅的完賽獎牌、美麗的完賽衣、獎品，眼睛發亮，所以就報了二〇一二年Nike九公里女子路跑。因為怕跑不完，就開始練跑，一週跑三天，月跑量約八十公里左右，搭配重訓習慣，首次參賽就出師得利。也因為跑起來很享受、很舒服，就開始喜歡跑步了。

隔年她就跑半馬，第二場半馬幸運以兩小時零四分拿到分組第四名，莫名地自信認為自己是練武奇才，開始認真訓練。

二〇一三年被朋友推坑報名隔年名古屋女子馬拉松，開始每週跑三天、月跑量一百多公里的練習，目標希望初馬跑完至少隔天還能散步逛街。多虧堅持半年的練習，初馬四小時二十三分完賽，從花美男手中獲得夢寐以求的 Tiffany 項鍊。

第一次的超馬　第一次的滑鐵盧　第一次嘗到苦頭

初馬的美好歷程讓冠汝愛上跑步和馬拉松，還能藉此到各處旅遊。也因為當時跑馬的女生不多，只要有規律訓練，上凸台的機率很高，成就感也成為她持續跑步的動力。

二〇一五年在朋友推坑之下，冠汝首次挑戰南橫超馬一百公里，其實那時她只跑過一次全馬，雖然有跑完一百公里，但是跑得很慘。

當時只是因為朋友跟她說，報七十公里跟一百公里的報名費只差兩、三百塊，她覺得好像有道理，「我們就是這麼傻，有沒有？」然後呢？既然報了南橫，就要到最高的地方才看得到最漂亮的風景，而且如果跑太少，大家一起去，跑回來還不是要等人家回來。就這樣連哄帶騙地讓冠汝一腳踏進超馬的世界。

冠汝想著，一百公里應該十四小時就可以跑完吧？頂多再多半小時？但想像和現實根本是兩回事……她就是那個跑到後面一直拉肚子的人。她在五十公里的折返點，吃了兩口泡麵，回程就慘了，只要一有流動廁所，她就衝進去，應該有七、八次。就這樣狼狽地趕在關門前半小時才完賽，抵達終點掛了獎牌，又立刻衝去廁所，她笑說：「南橫一百公里變成了廁所巡禮馬拉松。」

無論參加超馬或全馬，都是我的蓬蓬裙伸展台。

但跑步讓冠汝認識了許多朋友，她也樂於帶跑友跑步，二〇一六年起擔任賽事配速員，帶領跑友挑戰自我。二〇一七年入選 NIKE FAST 42 團隊參加訓練，成功挑戰台北馬破PB，成績是三小時二十分五十四秒。二〇一八年再挑戰南橫超馬一百公里，以九小時三十八分零三秒的成績獲得亞軍。可惜因參賽頻繁，過度負荷，此戰一個多月後受傷，休養半年才重回訓練。二〇一九年達BQ，圓夢前往波士頓馬拉松。後來受疫情影響，幾乎暫時失業，但持續訓練之下又驚又喜地在二〇二一年破台北馬PB，以三小時零九分五十八秒的成績進入女子百傑。

從冠汝的跑步年輪來看，她幾乎已經完成了跑者的所有想望，全馬、超馬，甚至跑進女子百傑，並達標BQ，進入跑者最高殿堂波士頓。但以她的跑步哲學來說，參賽就是要能夠跑完，而且是美美地跑完，至於什麼里程數、跑第幾名，從來不是她的選項之一。所以當有人問她跑步目標是什麼，她總答不出來。她心想：「我學生時期是個文青，喜歡漫畫就去學畫考藝術大學。我就是藝術家的個性，非常隨性。」

亞錦賽奪台灣女子首金
極致的痛苦帶來極致的快樂

但是，跑完一百公里就已經這麼痛苦了，為什麼還要跑二十四小時呢？她的答案也是出人意表。冠汝認為，一年最多只跑一次超馬，二〇二二年正好她滿三十五歲，應該要有一個紀念。她看著那些奇怪的人，跑步二十四小時不睡覺，心想他們到底在幹麼？她也想去跑跑看，體驗一下，就當作去露營，在那邊住一晚。於是，二〇二二年冠汝首次挑戰台北超馬二十四小時賽。比賽前，她還在臉書發布裝備照，寫道：「來去花博，住一晚。」

最後果然跑到腳踝腫脹發炎，所幸以一八〇公里拚了個亞軍，但那時她並不覺得這有什麼了不起，因為也不是第一名。意外的是，她在五月接獲通知，將代表國家參加二〇二二年七月三日的「國際超級馬拉松二十四小時亞洲暨大洋洲錦標賽」。

這時她的藝術家性格又出來了。她想著自己從未去過印度，就開心地帶著出國觀光的心情出發了。看到一群有教練團的國家代表隊，她才開始緊張起來。

比賽一開始，她就觀察這些人怎麼跑。然後發現，有些人確實很厲害，一開始就跑很快。她一直看著這些人怎麼跑，讓自己也快樂地跑起來。一直到半夜，大約十一、二點，她才注意到有個黎巴嫩選手和她只差一、兩圈。

冠汝開始注意到那個黎巴嫩選手很厲害，因為她從頭到尾幾乎沒有進過帳棚，也沒有坐下來休息，補給的時候也是教練拿能量飲給她，她拿了就喝，好像也沒有停下來。冠汝一直想著她怎麼那麼厲害，很想看看她什麼時候會停下來。

冠汝告訴自己，盡量跑，不要離那位選手太遠。她一直盯著那位選手，盯了超過十二個小時，後來因為腳痛到受不了才放棄，進休息帳棚讓治療師調整。就在此時，旁邊傳來好消息：「冠汝不要急，她爆了。」冠汝終於可以鬆口氣。

調整後，冠汝又開始跑，但雙腳因為疲勞而愈來愈痛，不得已又走起路來。此時，那位黎巴嫩選手在自己也累得只能走路的狀態下，還一直鼓勵冠汝跑起來，甚至和冠汝手牽手一起走路、相互打氣，並不時提醒同隊選手要特別留意冠汝的狀況。頓時，賽場競爭、肅殺的氣氛變得溫馨感人。

參加二〇二二年東吳二十四小時賽，蓬蓬裙連衣服都穿反，大家以為是故意的。

此時台灣隊友又開始報戰況：「澳洲選手要追上來了，差九圈，不要太放鬆喔。」冠汝不需要再加快速度，但也要注意別被追過去。冠汝跑著跑著，原本準備追上來的澳洲選手也爆了。對方爆掉的時候，冠汝竟得意地笑了，因為那個人爆掉前曾超過冠汝一次，還大喊：「I win!」

冠汝開始加速，保持腳可以動的狀態，又過了一陣子，隊友說後面又有一個追來了。冠汝心想，不能再休息，不能再走路了。她努力地跑，最終以五四二圈、二二六公里拿下隊史首面女子組二十四小時亞錦賽金牌，足足領先第二名選手四圈。最後力竭到只能坐輪椅，但一切都是值得的。

緊接著在二〇二二年十二月三日，冠汝又以總里程二二八．七九四公里，拿下東吳超馬女子分組第三名、總排第四名的好成績，平均配速六分十八秒。她只記得自己跑到了終點，破了全國紀錄，然後就倒下來，在場所有人都衝上去拍照。她到現在都還記得那個畫面，「極致的痛苦帶來極致的快樂」，這句話放在超馬選手身上是非常寫實的。

北海道馬拉松「台灣第一」登上日本新聞超馬選手練跑還要練耐熱

冠汝的人生第十九馬，選擇二〇二三年八月「北海道馬拉松」。夏天跑馬本來就不是一個明智的選擇，真的要跑也應該選在離台北三千公里的北方，如北海道。這是冠汝精挑細選的賽事。因為耕跑團及台大ＥＭＢＡ院長和學長姊的參加，讓「北海道馬拉松」台灣參賽人數獨占鰲頭，一群人就這樣浩浩蕩蕩地成行了。北海道風景優美、氣候宜人，還有豐富的美食佳餚，肯定是一個好地方。出發前，冠汝心中的小宇宙不斷發出讚嘆的聲音。

但老天爺真的很會開玩笑，他們抵達之後才發現，北海道竟遭遇數十年來難得一見的酷熱，幾乎跟台北一樣高溫。據說比賽前幾天才傳出熱死一位孩童的消息，賽事差點要考慮中止。同時冠汝雙腳的狀況也不是很理想，讓她只求平安完賽，比賽結束後腳還乖乖的就是幸福。

在集結區等待起跑時，冠汝第一次看到幾乎所有跑者都坐在地下乘涼，沒有人在熱身。笑稱自己是太陽能發電的冠汝，異常興奮起來。起跑後放鬆暢快地跑，在這乾淨美麗的城市、寬敞的賽道，在民眾的加油聲中，冠汝突然感動地濕了眼眶。她笑自己這傻瓜，多久沒有好好享受馬拉松，盡在與前後跑者爭先恐後的較量中。

跑到一半，遠方天空出現閃電，沒多久下起滂沱大雨。不只降溫，還讓大家洗了個澡，幸好沒多久就放晴。雖然不用踏水前進，但蒸發上來的悶熱水氣成了致命挑戰，後半程看到愈來愈多跑者降速甚至抽筋。

如此三溫暖般的考驗，讓在賽道上聽到跑團加油聲的冠汝，更加感動起來。途中也有上海跑友和冠汝攀談，還有日本民眾喊著「台灣加油」，冠汝邊跑邊感受著這一切，也告訴自己很快就到了。

終點前最後過彎，聽見有人喊自己的名字，冠汝興奮地高舉雙手迎向拱門，三小時十九分十秒，比預期好太多了！冠汝不辱「台灣超馬國手」之名，以「台灣隊總一」（台灣選手第一位完賽）、分組第八名的姿態跑進終點，也上了日本新聞。

在這樣的天氣下，能夠跨出下一步不放棄，就已經太強大了。能在日本獲得這般成績，冠汝直言：

「下一次我會好好選地方，以及慎選季節跑馬。」不過她表示，平常的耐熱訓練真的很有用。

人格特質「倔強」　踏入超馬世界就靠這一味

大家一定以為冠汝就是一個天生的好手，但其實她在學生時期是個喜愛動漫的宅女。身高一五五公分，體型嬌小，國中就胖到七十公斤，不愛運動也不擅運動。拿著球拍不會接球也不會發球，田徑、體能考試都是倒數前三名，好在居然學會了游泳，讓她發覺原來人生還是有個位置給運動。

因為身材太胖，冠汝經常受到同學的排擠，也非常自閉，不愛與人互動。為了重新融入同學，她開始認真減肥，最簡單的方式就是跑步，但當時她不是真的喜歡跑步。跟許多人的瘦身歷程一樣，跑步、少吃，接著遇到停滯期，又復胖，然後開始重訓對付以上問題。

同時，冠汝小時候極度缺乏自信。她的自信來自於他人的肯定，所以她不斷從他人的視角來看自己，這也造就了她在跑道上的毅力。因為她覺得要讓自己與眾不同的最好方式，就是與她景仰的對象平起平坐。她一直追著菁英選手的背影，不斷超越自我。她笑著說，要成為偶像一樣的人物，好比馬拉松好手陳雅芬。冠汝覺得自己的身形和雅芬差不多，雅芬可以跑得又快又好，她也想和雅芬一樣。

只要站上跑道，冠汝的目標永遠都是超越跑在她前面的選手。大家拚命的態度讓她的鬥志不斷燃燒，感染了這種氣氛，冠汝就會不斷向前。別人的理解可能是冠汝「不服輸」，但她自認為是一種「倔強」。只要前面有一個可以追求的目標，就會吸引她追逐。

就連進入 NIKE FAST 42 團隊參加訓練，她也總是和男隊友一起練，她自小因為胖常常被男生欺負，所以她覺得憑什麼女生就比男生差。這個「逞強」的態度，讓她在超馬的路上有更多的堅持。當別人問她：「妳的目標是什麼？」她回答不出來，因為她的目標永遠是她前面的那個人。

她一直強調「倔強」的個性，就如同五月天的那首〈倔強〉一樣，說著不自覺地哼了起來。藝術家的個性，真的很不一樣。

二〇二三年台北馬代表 Brooks 菁英團參賽，奮力一搏！

沒事的，all is well!

——林冠汝

胖大叔變身跑步魔王，不斷超越自我——陳世冠

二〇二三年世界極限鐵人聯盟Xtri在全球舉辦了十二場賽事，而在亞太地區的唯一賽事「台灣極限鐵人三項賽」（Formosa Xtreme Triathlon, FXT），自二〇二〇年第一屆舉辦以來，完賽率不到五成，是亞太區最具挑戰性的極限三鐵賽事之一。

ＦＸＴ的賽程相當嚴峻：參賽者需從台東的長虹橋游秀姑巒溪出海三．八公里，再騎自行車一八〇公里至中橫公路的關原加油站，最後跑四十二公里到合歡山，總爬升超過六千公尺。因此，ＦＸＴ的參賽者可說是超級鐵人中的超人，英雄中的英雄，而魔王陳世冠便是敲響ＦＸＴ完賽鐘聲的勇者。

從胖大叔變身魔王　跑步成為人生轉捩點

「也許是父親希望我成為世界冠軍吧！」這是陳世冠對自己名字的詮釋，除了名字的含義，陳世冠也因為高強度的訓練，在跑團中被尊稱為「魔王」。身為工程師，魔王對於資訊與創新的事物充滿熱情，儘管工作上的挑戰與壓力並不小，他仍每週投入十一至十四小時進行鐵人三項的訓練。

對魔王而言，這些高強度的訓練，不僅是體能和毅力的鍛鍊，更是激勵他在工作或生活中不斷超越自我的動力。

二〇〇九年至二〇一四年，還在大陸工作的時候。

然而，魔王並非一開始就熱衷於跑步。當時被外派至大陸工作的他，不僅體重高達八十公斤，健檢報告也是「滿江紅」，為了身體健康，他決定開始運動減肥。起初，他跟大多數人一樣，覺得跑步只是個體力活，漸漸地，他開始體會到跑步不僅僅是一種運動，更是一種挑戰自我的方式。

人生的挑戰總是突如其來，受到公司派系鬥爭影響，魔王失業被迫返台。回顧過往，十年前的驟變雖是職涯上的挫折，如今看來，卻是老天爺化了妝的祝福。魔王坦言，回到台灣後必須重新開始，收入也不比從前，但換來了身心平衡的生活。

「如果當時沒有回台灣，我可能仍然每天陪官員喝酒、唱同樣的歌。看著十年前儼然胖大叔的自己，想想都覺得可怕！」走過這段路的魔王深深體悟到：很多時候不需要埋怨，這就是人生，任何安排都是最好的安排。

從為健康而跑開始　跑出不設限的人生里程碑

因為跑步減重將近二十公斤的魔王，除了對自己的體態更加自信，良好的體力與耐力也讓他不再容易感到疲憊、呼吸困難。同時，跑步也成為他抒解壓力和排解煩惱的管道，當身心都專注在每次的步伐與呼吸時，平靜與放鬆便隨之而來，能以更清晰的思緒和積極的心態面對周遭的人事物。

跑步除了帶給魔王身心靈的轉變，也開啟了他透過賽事追求自我實現的旅程。二〇一八年，魔王設定要在渣打馬拉松達成 SUB3 的目標，也就是全馬的完賽時間必須低於三小時，然而當天他卻因腹瀉必須中途棄賽。這並沒有阻礙魔王的步伐，他隨即報名了首爾馬拉松，從更嚴謹的飲食與訓練著手，改善自己的弱點，終於達成了這個重要的里程碑。

達成 SUB3 目標，代表的不僅是訓練和努力帶來的進步，也更堅定魔王的信念：不論遇到多大的挑戰，只要持之以恆、堅持到底，最終都能夠實現自我的目標。

二〇一六年準備馬拉松 SUB3 的訓練。

除了個人的成就感，跑步也讓魔王結識許多志同道合的跑者，藉由交流分享訓練的辛勞與完賽的喜悅，不僅讓生活更豐富多彩，也充實許多運動知識和技巧。很幸運地，他也因為跑步而遇到了人生的伴侶Kimi，成為他生活與賽事上最強大可靠的後援。

敲響合歡山完賽鐘　在ＦＸＴ賽事中再次超越自我

有多次二二六超鐵賽事經驗的魔王，認為自己這次能順利完成ＦＸＴ賽事的關鍵，有賴於充分的賽前訓練，因此即使面對極具挑戰性的ＦＸＴ，也能以從容的心態應戰。魔王謙虛地說：「比起參加二十四小時、四十八小時，或是一二〇公里超馬賽事的跑友，這次參加ＦＸＴ並不算太困難的挑戰。」而對於有志參加二二六超級鐵人賽的讀者，魔王建議：「維持規律的訓練非常重要，保證比賽時絕對不會崩潰，也不會成為永生難忘的痛苦回憶。」

回想起ＦＸＴ的賽事過程，魔王坦言，從一開始的游泳，就能感受到賽事的不容易。「秀姑巒溪的水流很強，好像怎樣都游不到折返點，跟台東活水湖相比，根本天壤之別。」順利度過游泳關卡的魔王，立刻上岸脫掉防寒衣，跳上自行車，展開漫長的一八〇公里長征。

儘管經過三次移地訓練，但在賽前幾個月才剛打完PRP關節注射的魔王，面對崎嶇山路仍會感到不安。「騎到花蓮太魯閣時，時間都在掌握內，但六十公里的山路實在非常煎熬。一邊擔心會被關門，一邊要評估自己的體力能否完成最後的高山全馬。」

儘管內心忐忑，但魔王知道：放棄，就什麼都沒有了。「當時一直告訴自己，如果訓練量是夠的，身體絕不會背叛，我也不可以放棄。」終於，魔王在時限內通過中橫關原站的轉換區，經大會量完血氧濃度，達到繼續比賽的標準，他立刻換裝準備再跑一個全馬。「有些選手在T2差幾秒鐘被關門了，看到他們流下遺憾的眼淚，很替他們感到惋惜，但這也代表FXT極限性。」魔王說。

FXT賽事的最後半馬，也是賽事中最難的一段高山路跑，魔王請林慶華（華神）作為陪跑員一起完成最後的挑戰。「山上空氣稀薄，跑步不比平地，再加上游泳和騎車已經消耗掉大半體力，在溫度驟降的夜晚，若沒有人協助，很容易陷入恐慌。」最後，魔王與華神花了平常兩倍的時間完成最後半馬，站在合歡山巔奮力敲響完賽鐘，告訴大家：「我回來了！」

二〇二一年 Challenge Taiwan 226 取得分組第一名。

完賽的鐘聲迴盪在山谷間，也讓支持魔王的親朋好友熱淚盈眶。

跑步不只是跑步　是實現夢想的過程

面對極具挑戰的賽事以及平時高強度的訓練，是什麼原因讓魔王願意堅持下去？魔王說道：「當我覺得疲憊和無力時，『設定目標』就是我最大的動力。」無論是減重、提升體能，還是比賽，因為對於目標的嚮往，讓跑步不再只是跑步，而是在追求夢想和自我實現的過程。

每次邁出的步伐，都是讓自己更靠近目標的努力。也因此，無論遇到什麼困難和挑戰，魔王都會堅持下去。他知道，目標是值得奮鬥的。

訓練過程中的瓶頸與挫敗，對魔王來說已是家常便飯。「如果一個目標能輕易完成，那也不是什麼目標了。」魔王如是說。

二〇一四年台北馬拉松 SUB4。

當開始自我懷疑或沮喪時，魔王會透過片刻的休息，讓心情沉澱下來，並專注於過去訓練中已經取得的成就和進步。這些看似微小卻重要的成功，提醒著他，儘管目標遙遠，但已經是實質的進展，激勵他重新燃起對目標的渴望，並且從困難中學習和成長。

此外，志同道合的運動員、教練和朋友間的成功故事與相互鼓勵，也是支持他努力不懈的力量。「有他們的陪伴，讓我知道自己並不孤單，有人與我並肩前行。」已經持續五年鐵人訓練的魔王，期許自己接下來「二二六超級鐵人賽」成績能達成 SUB10，這近乎媲美職業級選手的目標，將成為他持續跑下去的動力。

魔王鐵人三項交叉訓練計畫課表

☑ 週一：游泳＋跑步

跑步訓練，約 60 分鐘
游泳訓練，包括技巧練習和耐力訓練，
合計約 2,000 ～ 2,800 公尺

☑ 週二：騎車＋跑步

單車訓練台，技巧練習和耐力訓練，約 60 分鐘
轉換跑訓練，約 40 分鐘

☑ 週三：單車訓練

這通常是最累的一天，單車的強度會集中在這天，
約 90 分鐘

☑ 週四：單車訓練

輕鬆有氧訓練，約 90 分鐘

☑ 週五：休息日

讓身體和心理得到充分的恢復和放鬆

☑ 週六：長距離單車訓練

這是每週最重要的課表，
外騎約 100 ～ 120K，約 3 ～ 4 小時

☑ 週日：跑步＋游泳

長距離跑步訓練，約 90 分鐘
游泳訓練，2,000 公尺

從雨天到年紀　都不該是不跑步的理由

從一開始為健康邁出步伐，如今，跑步已成為魔王生活中不可或缺的一部分。無論是忙碌的工作，還是人生的挑戰，因跑步而帶來的力量和勇氣，讓他能更加堅定地追求著自己的夢想和幸福，而他也從中悟出一套獨門訓練哲學：

一、**健康是最大的財富**

每天花時間照顧自己的身體，透過運動和訓練，保持身體和心靈的健康。

二、**相信持之以恆的力量**

訓練是一個長期的過程，需要時間和耐心，不急於求成，而是每天進步。最終累積起來的成果，都會回應你的付出與努力。

三、**挑戰會帶來成長**

困難和挑戰是成長的機會，不斷跨出舒適圈，才能發現自己的潛能。

四、重視平衡和自我關懷

訓練只是生活的一部分，不要讓它成為壓力和負擔，充分的休息與恢復時間，關注自己的身體狀態，才能設定出符合年齡和身體需求的訓練計畫。

在魔王的字典裡，沒有下雨天不跑步這檔事，「人是防水的，當你放棄一次，就會有第二次、第三次，最後只會留下充滿遺憾的自己。」這不僅是魔王對訓練的堅持，也是他的人生態度。今年已經五十二歲的魔王，認為年齡只是一個數字，不該成為追求目標和挑戰的絆腳石。「只要相信自己，持續努力，就一定能夠保持健康、超越自我，繼續追求自己想要的生活。」

不斷跨出舒適圈，
才能發現自己的潛能。

——陳世冠

身體文化 186

靠，不跑就素粉阿雜：

二十四位市民跑者的汗水與夢想

策　　劃　黃張維
撰　　寫　何震威
主　　編　湯宗勳
特約編輯　文　雅
美術設計　劉耘桑
企　　劃　鄭家謙
照片提供　王成樂（樂哥）、李根旺（仙輩）、張信利

董 事 長　趙政岷
出 版 者　時報文化出版企業股份有限公司
108019 台北市和平西路三段 240 號一至七樓
發行專線—（〇二）二三〇六六八四二
讀者服務專線—〇八〇〇二三一七〇五
（〇二）二三〇四七一〇三
讀者服務傳真—（〇二）二三〇四六八五八
郵撥—1934-4724 時報文化出版公司
信箱—10899 台北華江橋郵局第 99 信箱
時報悅讀網　http://www.readingtimes.com.tw
電子郵箱　new@readingtimes.com.tw
法律顧問　理律法律事務所 陳長文律師、李念祖律師
印　　刷　勁達印刷有限公司
一版一刷　二〇二四年九月六日
定　　價　新台幣 500 元

ISBN：978-626-396-624-6
Printed in Taiwan

靠，不跑就素粉阿雜：二十四位市民跑者的汗水與夢想 / 黃張維 策劃；何震威 撰寫—一版.-- 臺北市：時報文化,2024.9;368面;14.8*21*1.8公分.--(身體文化;186)
ISBN 978-626-396-624-6（平裝）

1. 馬拉松賽跑 2. 訪談
528.9468　　113011294

沿線裁下並對折寄回

2025年柏林馬拉松參賽抽獎回函

請完整填寫本回函資料，並於 2024年12月15日前（以郵戳為憑），寄回時報出版，即可參加抽獎，有機會獲得**【2025年柏林馬拉松參賽名額】**1名(由雄獅旅行社股份有限公司提供)

活動辦法：

1. 請剪下本回函，填寫個人資料，並黏封好寄回時報出版(無須貼郵票)，將抽出**【2025年柏林馬拉松參賽名額】**1名。
2. 將於2024年12月25日在臉書粉絲專頁「時報悅讀」公布中獎名單，並由專人通知中獎者，敬請留意抽獎日期。
3. 若於2024年12月27日 前出版社未能聯絡上中獎者，視同放棄，並以備選遞補。

LION TRAVEL
雄獅旅遊

讀者資料（請完整填寫並可供辨識，以便通知活動得獎以及相關訊息）

姓名：　　　　　　　□先生 □小姐
年齡：
職業：

聯絡電話：(H)　　　　　　　(M)

地址：□□□

E-mail：

如您寄回本回函，表示您同意以下規範，請務必詳讀：

1. 本回函不得影印使用。
2. 時報出版保有活動變更之權利。
3. 若有其他疑問，請洽 02-2306-6600#8231鄭先生。

【2025柏林馬拉松參賽名額】1名抽獎注意事項：

1. 此活動獎項僅提供2025柏林馬拉松賽事參賽名額乙名，中獎者須自行負擔前往柏林之機票與餐食住宿交通等相關費用，參加抽獎前請謹慎評估。
2. 中獎者須本人參賽，參賽名額不得轉讓。
3. 為符合柏林馬拉松官方團體報名規範，中獎者須配合雄獅旅行社提供相關報名資訊與現場報到流程，若無法配合，將取消中獎資格。
4. 中獎者由時報出版以郵件、電話通知，若中獎者未能於2日內回覆個人資料、或配合參與行程，視同放棄，並以備選遞補。
5. 雄獅旅行社股份有限公司保有活動辦法變更之權利。

※請對折黏封後直接投入郵筒，請不要使用釘書機。

※無需黏貼郵票

廣　告　回　信
台北郵局登記證
台北廣字第2218號

時報文化出版股份有限公司

108019 台北市萬華區和平西路三段4樓

第六編輯部 當代線 收

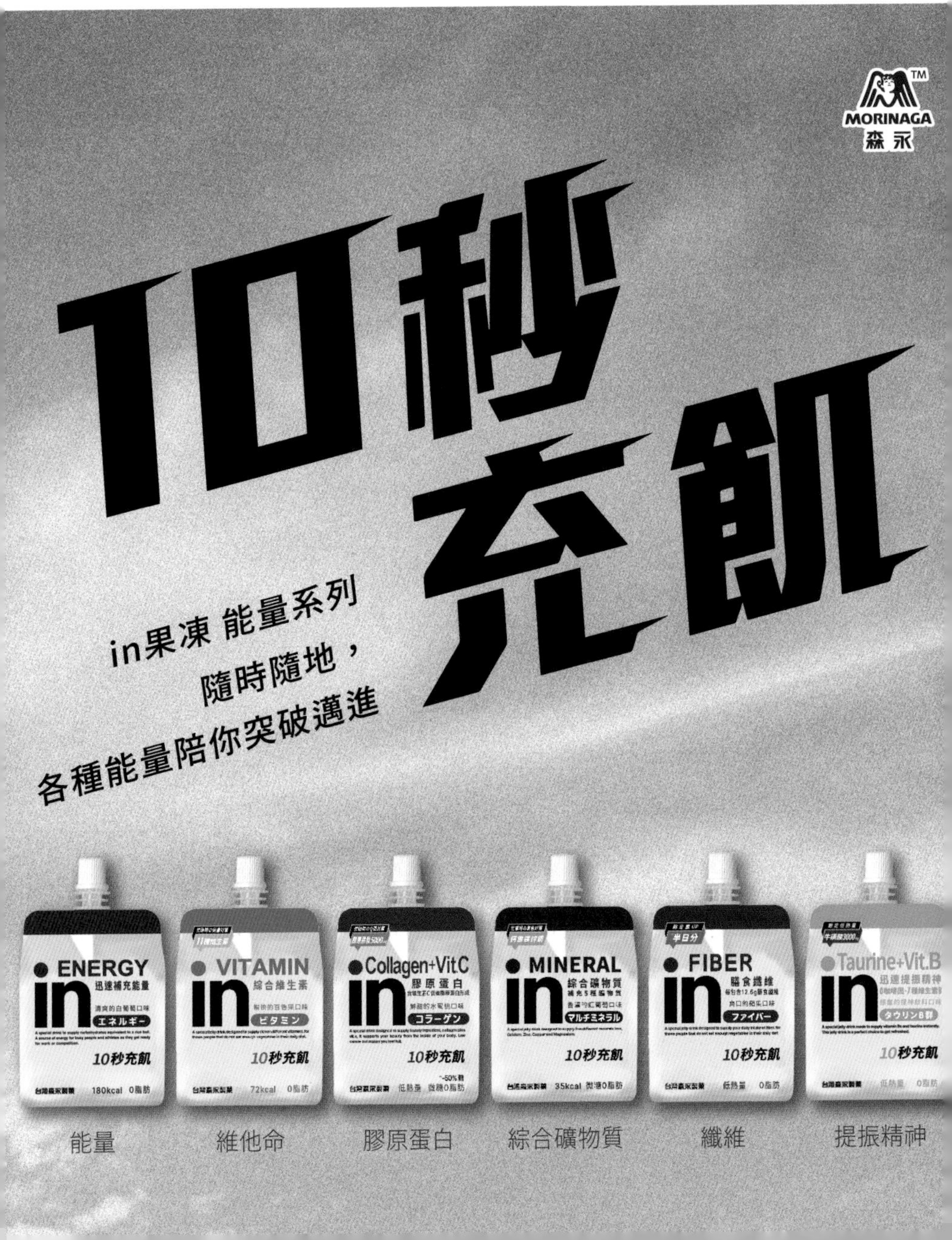
MORINAGA
森永
10秒充飢
in果凍 能量系列
隨時隨地，
各種能量陪你突破邁進
ENERGY
in
迅速補充能量
10秒充飢
VITAMIN
in
綜合維生素
10秒充飢
Collagen+Vit.C
in
膠原蛋白
10秒充飢
MINERAL
in
綜合礦物質
10秒充飢
FIBER
in
膳食纖維
10秒充飢
Taurine+Vit.B
in
迅速提振精神
10秒充飢
能量
維他命
膠原蛋白
綜合礦物質
纖維
提振精神